Interferenze Lessicali

ITALIANO – INGLESE

Interferenze Lessicali

ITALIANO – INGLESE

Marina Sassu Frescura

University of Toronto Press
TORONTO BUFFALO LONDON

© University of Toronto Press 1984
Toronto Buffalo London
utorontopress.com

ISBN 0-8020-6553-8

Canadian Cataloguing in Publication Data

Frescura, Marina Sassu, 1945-
    Interferenze lessicali italiano-inglese

    Includes index.
    ISBN 0-8020-6553-8

    1. Italian language - Errors of usage - Problems,
exercises, etc.   2. Italian language - Idioms -
Problems, exercises, etc.   I. Title.

PC1445.F74 1984   458.2'421   C84-098159-7

The author wishes to express her gratitude to Harper and Row, Publishers, Inc. for permission to reproduce a passage from O America, when you and I were young, by Luigi Barzini, and to Disegnatori Riuniti, Agenzia Giornalistica, Milano, for permission to reproduce the cartoons that appear in this book.

From _O America, when you and I were young_, by Luigi Barzini, p. 88-89:

    Another pitfall to avoid was the wrong use of an English word which, while almost identical to an Italian word, had a different meaning. There are many: "to support" does not mean "_sopportare_"; "inclined" does not mean "_inclinato_"; "fastidious" does not mean "_fastidioso_"; "ruffian" is not "_ruffiano_"; "to annoy" is not the same as "_annoiare_"; "to demand" does not mean "_domandare_"; et cetera. The confusion could occasionally be embarrassing. One night Beniamino Gigli and I happened to be sitting in a gilded box at the Metropolitan, surrounded by dignified matrons covered with brocade and diamonds, his devoted admirers. He was in evening clothes because he was not singing but had come to watch the performance. One of the ladies tapped his arm with her fan and asked graciously: "How do you feel tonight, _Signor_ Gigli?" ... He cleared his throat and said: "Not very well, I am a little constipated". The ladies looked at him and at each other with astonished horror. I hurried to explain that by "constipated" he did not mean what they thought but only that he had a slight cold.

PREMESSA

Questo lavoro, il primo del suo genere dedicato interamente al problema dei "falsi amici" (o più propriamente "calchi omofoni"), è stato compilato con l'intento "terapeutico" di trovare una soluzione al problema dei più comuni e più ovvi errori di interferenza lessicale fra l'inglese e l'italiano; errori in cui incorrono sia gli studenti anglofoni, sia quelli di origine italiana. Sono importanti da segnalare le caratteristiche di flessibilità ed elasticità che danno al testo l'autonomia di essere usato come parte di un corso di lingua o di uno di traduzione, di essere completato nell'arco di un solo anno accademico o, con ritmo meno serrato, di essere diluito nell'arco di due.

L'eserciziario è articolato in tre diverse sezioni:

1. La prima sezione è composta di 47 schede in cui i singoli casi di omofonia sono ordinati secondo la frequenza. Ogni scheda ha la seguente suddivisione interna:

    a. schema sinottico

    b. traduzione dall'inglese

    c. inserimento dei vocaboli trattati in un contesto italiano

    d. esercizio di ampliamento lessicale e ricerca di vocabolario (nella maggior parte delle schede)

   Ogni 3 o 4 schede c'è un esercizio di ricapitolazione suddiviso in:

    a. frasi da completare

    b. produzione di frasi libere

2. Nella seconda sezione, chiamata Appendice, vengono trattati con minore profondità altri casi (19 per l'esattezza) in cui l'interferenza ricorre solo in una accezione del termine; inoltre, i casi di omofonia, ordinati questa volta alfabeticamente, non hanno la ricchezza polisemica di molti dei termini trattati nella prima sezione. La suddivisione è la seguente:

    a. schema sinottico

    b. inserimento dei vocaboli trattati in un contesto italiano.

3. La parte conclusiva dell'eserciziario, chiamata ....e adesso tocca a lei, si limita alla semplice segnalazione delle coppie di calchi; con l'aiuto del dizionario e la guida dell'insegnante sarà lo studente stesso ad analizzare uno specifico caso di interferenza ed a produrre frasi che ne evidenzino l'aspetto contrastivo.

E di estrema importanza che sia lo studente che l'insegnante tengano presente che la funzione dello schema sinottico che precede ogni scheda <u>non</u> è di offrire soluzioni immediate sostituendosi al dizionario o all'insegnante, ma piuttosto di <u>illustrare</u> e <u>mettere a fuoco</u> il problema generato da una particolare coppia di calchi omofoni e di spingere lo studente all'inevitabile uso del dizionario e alla discussione con l'insegnante.

A disposizione dei docenti c'è il <u>Manuale dell'insegnante</u> che comprende sia la "chiave" degli esercizi, sia suggerimenti e indicazioni dettagliate sull'uso dell'eserciziario stesso.

M.F.

INDICE

Italiano		Inglese	
Accidente	53	Accident	53
Acconto	71	Account	71
Affettare	124	Actual	112
Affezionato	95	to Affect	124
Agenda	111	Affectionate	95
Annoiare	57	Agenda	111
Anticipare	125	to Annoy	57
Apologia	90	to Anticipate	125
Apparenza	81	Apology	90
Applicazione	23	Appearance	81
Appuntamento	43	Application	23
Argomento	35	Appointment	43
Arrangiamento	87	Argument	35
Assumere	45	Arrangement	87
Attendere	7	to Assume	45
Attico	111	to Attend	7
Attitudine	112	Attic	111
Attuale	112	Attitude	112
Cancellare	126	Audience	79
Cavità	113	to Cancel	126
Classe	5	Cavity	113
Commozione	99	Class	5
Complessione	113	Commotion	99
Concreto	114	Complexion	113
Confidenza	65	Concrete	114
Confrontare	127	Confidence	65

Italiano		Inglese	
Consistente	128	to Confront	127
Conveniente	129	Consistent	128
Corte	89	Convenient	129
Dedicato	114	Court	89
Editore	115	Dedicated	114
Educazione	13	Editor	115
Eventualmente	115	Education	13
Fabbrica	61	Eventually	115
Facilità	21	Fabric	61
Fastidioso	116	Facilities	21
Fattoria	61	Factory	61
Fornace	116	Fastidious	116
Fornitura	15	Furnace	116
Ginnasio	117	Furniture	15
Graduato	117	Graduate	117
Ignorare	118	Gymnasium	117
Impressionare	130	to Ignore	118
Ingenuità	118	to Impress	130
Ingiuria	131	Ingenuity	118
Introdurre	119	Injury	131
Largo	107	to Introduce	119
Lavoro	119	Labour	119
Lettura	1	Large	107
Libreria	4	Lecture	1
Licenza	75	Library	4
Magazzino	120	Licence	75

Italiano		Inglese	
Mantenere	38	Magazine	120
Morbido	120	to Maintain	38
Muovere	67	Morbid	120
Nervo	121	to Move	67
Nota	11	Nerve	121
Novella	121	Note	11
Occorrere	132	Novel	121
Parenti	51	to Occur	132
Patente	79	Parents	51
Popolare	133	Popular	133
Positivo	91	Patent	79
Posizione	47	Position	47
Possibilmente	103	Positive	91
Potere	105	Possibly	103
Pratica	25	Power	105
Pretendere	73	Practice	25
Realizzare	33	to Pretend	73
Registrazione	3	to Realize	33
Ricoverare	55	Registration	3
Rilievo	97	to Recover	55
Ritornare	19	Relief	97
Rumore	28	to Return	19
Salario	122	Rumour	28
Segno	63	Salary	122
Sensibile	83	Sensible	83
Sentenza	122	Sentence	122

Italiano		Inglese	
Simpatia	123	Sign	63
Sopportare	37	to Succeed	31
Succedere	31	to Support	37
Tentativo	104	Sympathy	123
Udienza	79	Tentative	104
Visitare	40	to Visit	40

INDICE DEGLI ESERCIZI DI RICAPITOLAZIONE

Esercizio di ricapitolazione N. 1	9
Esercizio di ricapitolazione N. 2	17
Esercizio di ricapitolazione N. 3	29
Esercizio di ricapitolazione N. 4	41
Esercizio di ricapitolazione N. 5	49
Esercizio di ricapitolazione N. 6	59
Esercizio di ricapitolazione N. 7	69
Esercizio di ricapitolazione N. 8	77
Esercizio di ricapitolazione N. 9	85
Esercizio di ricapitolazione N. 10	93
Esercizio di ricapitolazione N. 11	101
Esercizio di ricapitolazione N. 12	109

Nome _____

Corso _____

| LETTURA | → | reading |

Vs.

| LECTURE | → sgridata, ramanzina
| | → lezione, conferenza
| TO LECTURE | → fare lezione, tenere una conferenza
| | → sgridare, fare la paternale, fare la predica

A. **Traduca:**

1. The lectures on Italian Humanism in the 15th century were very well prepared.

   _____
   _____

2. If you don't find me in the catalogue room, I will be in the reading room until five.

   _____
   _____

3. Her mother lectured her because she came home late.

   _____
   _____

4. Tomorrow, when the family is all together, we shall hear the reading of the will.

   _____
   _____

5. For his inaugural speech Professor Montanari lectured on the psychology of second language learning.

   _____
   _____
   _____

6. I am sorry, Professor Caccia is lecturing at the moment; he will be in his office after one.

   _____

   _____

B. Completi gli spazi bianchi in modo opportuno:

   1. Forse quel libro non offre _____ _____ molto stimolante, ma è senz'altro utile.

   2. Il mio professore di italiano ha dedicato un'intera _____ alle prime tre righe di una poesia di Foscolo.

   3. Non ama essere interrotto quando _____.

   4. Smettila di _____, non sono più un bambino!

   5. L'anno accademico è stato inaugurato con _____ _____ sul Petrarca.

C. Nella frase 5B si usa il verbo "inaugurare": aiutandosi col vocabolario, cerchi quali sono le cose che si possono "inaugurare":

   es. l'anno accademico _____

   _____

   _____

   _____

   _____

Nome _____

Corso _____

[REGISTRAZIONE] ⟶ [recording]

Vs.

[REGISTRATION] ⟶ [iscrizione]

A. <u>Traduca</u>:

1. Registration for the courses will start on Monday, April 13th.

   _____

   _____

2. The recording was not clear because there was a noise in the background.

   _____

   _____

B. <u>Completi gli spazi bianchi in modo opportuno</u>:

1. La tassa di _____ all'Università è molto più elevata in Nord America che in Italia.

2. _____ _____ dell'ultimo concerto dei "Musici" verrà trasmessa da tre stazioni radio.

```
  ┌──────────┐──────→┌───────────┐
  │ LIBRERIA │       │ bookstore │
  └──────────┘──────→│ bookcase  │
                     └───────────┘
        Vs.

  ┌──────────┐──────→┌───────────┐
  │ LIBRARY  │       │ biblioteca│
  └──────────┘       └───────────┘
```

A. <u>Traduca</u>:

1. Public libraries usually have children's programmes on Saturday mornings.

   _____
   _____

2. The bookstore I go to is very well stocked.

   _____
   _____

3. The bar is hidden behind a revolving bookcase.

   _____

4. A rare book library must have a very accurate temperature control system

   _____
   _____

B. <u>Completi le seguenti frasi in modo opportuno</u>:

1. _____ _____ è talmente piena di libri che le assi si sono curvate.

2. Non mi piace studiare in _____, preferisco studiare a casa.

3. Forse que_____ _____ in centro è la migliore per i testi scolastici.

Nome _____

Corso _____

```
┌─────────┐      ┌─────────┐
│ CLASSE  │─────▶│ class   │
└─────────┘   ╲─▶│ rate    │
              
```
Vs.

```
┌─────────┐      ┌──────────────────┐
│ CLASS   │─────▶│ lezione, corso   │
└─────────┘─────▶│ classe (aula)    │
           ─────▶│ classe (studenti)│
                 └──────────────────┘
```

A. <u>Traduca</u>:

1. I wanted to take an evening class, but registration was already closed.

   _____

   _____

2. The classroom was filled with all sorts of audio-visual aids which helped the students to understand the material presented.

   _____

   _____

3. He is a first rate golf player.

   _____

4. The teacher gave us a surprise test in Italian class this morning.

   _____

   _____

5. The modern Greek class was a very interesting one, because the teacher was very much involved with the cultural and social aspects of Greece.

   _____

   _____

   _____

B. Completi le seguenti frasi in modo opportuno:

1. Preferisco viaggiare nel vagone di prim_____ _____
   perché è meno affollato.

2. Non posso fermarmi a chiacchierare con te perché ho _____
   _____ di psicologia fra pochi minuti.

3. Si dà tante arie ma non ha _____.

4. Anni fa in Italia gli studenti erano divisi in _____
   maschili e _____ femminili e ben poche erano
   _____ _____ miste.

5. _____ prim_____ _____ che lui ha tenuto
   all'Università di Venezia era sul classicismo del Foscolo.

C. Scriva tre frasi in cui il nome "classe" sia usato con tre significati diversi:

1. _____
   _____

2. _____
   _____

3. _____
   _____

Nome _____

Corso _____

ATTENDERE / aspettare → to wait, to wait for

Vs.

TO ATTEND →
- frequentare, seguire
- assistere a..., essere presente a..., presenziare a...
- occuparsi di...
- assistere (to attend to...)

A. Traduca:

1. Could you tell me which nurse is attending to you at the moment?

   _____

   _____

2. The people who attended the meeting were all very interested in the general discussion.

   _____

   _____

3. He has been waiting for you since two o'clock.

   _____

4. They have their business to attend to, and obviously they do not have much time for entertainment.

   _____

   _____

5. If you attend classes regularly, your performance will improve greatly.

   _____

   _____

B. Completi gli spazi bianchi in modo opportuno:

1. Da quando ha smesso di _____ la lezione di yoga non è più snella e agile.

2. Alla conferenza su Machiavelli del marzo scorso, certamente _____ un migliaio di persone.

3. Domani devo partire per Milano per _____ di un affare molto importante per il futuro della nostra ditta.

4. Certi medici _____ i malati dei quartieri poveri senza essere pagati.

5. Da ragazzi noi _____ la stessa scuola, ti ricordi?

6. Una grande folla _____ ai funerali del presidente.

7. Il preside del liceo _____ alla cerimonia per la consegna delle borse di studio.

C. Nella frase 3B si usa la parola "ditta". Aiutandosi col vocabolario provi a dare la definizione di:

1. ditta _____

2. azienda _____

3. società _____

4. fabbrica _____

Nome _____

Corso _____

ESERCIZIO DI RICAPITOLAZIONE N. 1

A. <u>Completi gli spazi bianchi usando i seguenti verbi e i seguenti nomi:</u>

    aspettare, assistere, frequentare, presenziare;
    aula, conferenza, corso, iscrizione, lettura, lezione, predica,
    registrazione

1. Numerosi capi di stato _____ ai funerali del vecchio ministro.

2. Durante i giorni _____ _____ gli studenti hanno bisogno dei consigli e della guida di persone esperte.

3. Il preside della scuola ha fatto _____ _____ agli studenti per avere fumato durante le ore di _____.

4. Il treno è in ritardo; noi lo _____ da quaranta minuti ma non è stato neppure annunciato.

5. C'è sempre un folto pubblico _____ _____ della Dante Society.

6. _____ _____ prolungata affatica gli occhi.

7. No, non era la sua voce dal vivo, era soltanto _____ _____ fatt____ tempo fa.

8. Parecchi _____ estivi sono molto pesanti perchè concentrano un programma intenso in un numero ridotto di ore di _____.

9. Quella mia cugina è molto buona; pensa che da molti anni _____ una vecchia zia molto malata.

10. _____ _____ in cui si tengono _____ _____ di musica ha una cattiva acustica.

11. Hanno scoperto che le loro famiglie _____ gli stessi circoli sociali.

B. <u>Produca delle frasi libere usando i seguenti vocaboli:</u>

Iscrizione _____
   _____

Libreria _____
   _____

Frequentare _____
   _____

Lettura _____
   _____

Registrazione _____
   _____

Attendere _____
   _____

Lezione _____
   _____

Sgridare _____
   _____

Corso _____
   _____

Nome _____
Corso _____

Vs.

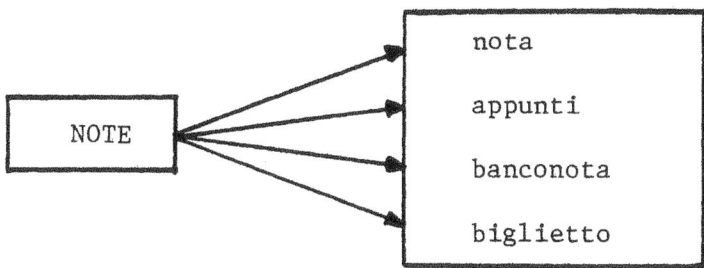

A. <u>Traduca</u>:

1. There was a note of sadness in her voice when she told us she was about to retire.

   _____

   _____

2. Pay attention please, and take note of everything they say.

   _____

   _____

3. The singer could not hold the note because the pitch was too high.

   _____

   _____

4. After the honeymoon the wife had to send thank you notes to the many guests who had come to the wedding.

   _____

   _____

5. A new edition of <u>I promessi sposi</u> with copious footnotes has been recently published.

   _____

   _____

B. Completi gli spazi bianchi in modo opportuno:

1. Troverete _____ _____ di spiegazione a pié di pagina.

2. Sono uscita con _____ _____ della spesa, ma poi non ho comprato niente.

3. Loro ci hanno mandato _____ _____ di ringraziamento per i fiori.

4. La Banca d'Italia ha emesso _____ _____ da centomila lire.

5. Mi raccomando prendi _____ di tutto quello che dice.

6. Quando Giovanna viene a casa nostra, porta sempre _____ _____ allegra.

7. Lo studente ha perso il quaderno con tutti _____ _____ delle lezioni di scienze naturali.

8. Certo che quello che hanno fatto è degno di _____.

9. Il professore ha parlato per un'ora senza leggere _____ _____.

10. Mi dispiace ma non ho spiccioli; ho solo _____ _____ da venti mila lire.

C. Scriva quattro frasi in cui il nome "nota" sia usato con quattro significati diversi:

1. _____
2. _____
3. _____
4. _____

ATTENZIONE: to compare notes = scambiarsi opinioni, idee

Nome _____

Corso _____

```
EDUCAZIONE  →  upbringing
            →  education
            →  manners
```

Vs.

```
EDUCATION    →  istruzione
             →  studi
             →  pedagogia
TO EDUCATE   →  educare
             →  affinare
```

ATTENZIONE

Self educated person = autodidatta

A. <u>Traduca</u>:

1. The Faculty of Education accepts only a selected number of students.

   _____

   _____

2. After several years of study in Canada, he went to England to complete his education.

   _____

   _____

3. Although she did not have much formal education, she was a brilliant conversationalist.

   _____

   _____

4. He owes his success in life to the good upbringing his parents gave him.

   _____

   _____

5. If he doesn't stop his nagging, I will teach him some manners.

   _____

   _____

6. The Ministry of Education's guidelines must be closely followed.

   _____

   _____

7. She was a very plain country girl, but he educated her sensitivity and she is now capable of appreciating music and art.

   _____

   _____

   _____

B. Completi le seguenti frasi in modo opportuno:

   1. L'Istituto Superiore di _____ Fisica, è stato fondato a Torino all'inizio degli anni sessanta.

   2. _____ _____ è una qualitá che non si acquisisce sui banchi di scuola.

   3. In Italia _____ _____ è obbligatoria fino all'età di quattordici anni.

   4. All'Accademia di Arte Drammatica, gli aspiranti attori imparano per prima cosa a _____ il proprio timbro di voce con l'uso corretto del diaframma.

C. Scriva una frase con "affinare" e una con "raffinare":

   1. _____

      _____

   2. _____

      _____

Nome _____

Corso _____

```
┌──────────┐
│ FORNITURA├──────▶┌──────────┐
│          │       │ supply   │
│ FORNIRE  ├──────▶│ to supply│
└──────────┘       └──────────┘
```

Vs.

```
┌──────────┐       ┌─────────────────────┐
│ FURNITURE├──────▶│ mobili, mobilia     │
│          ├──────▶│ arredare, ammobiliare│
│ TO FURNISH├─────▶│ fornire             │
└──────────┘       └─────────────────────┘
```

A. <u>Traduca</u>:

1. They were about to supply him with information of the utmost importance.

   _____

   _____

2. That's the store where I bought almost all my furniture.

   _____

   _____

3. Our business is going so well that we must double the supplies for next year.

   _____

   _____

4. They wanted to furnish their house with original antiques but it was not always easy to find the pieces they were looking for.

   _____

   _____

   _____

5. European furniture is very expensive in North America.

_____

_____

B. Completi le seguenti frasi in modo opportuno:

1. Ho ereditato da mia nonna _____ _____ di noce fatti da un bravissimo artigiano.

2. L'ultim____ _____ di carbone che abbiamo ordinato non è arrivat____ in tempo.

3. Per _____ bene una casa occorrono forse molti soldi, ma soprattutto del buon gusto.

4. Quando ero studente universitario vivevo da solo in una camera _____.

5. Il ritrovamento dell'arma del delitto _____ all'ispettore la prova della colpevolezza dell'imputato.

6. National Geographic di solito _____ ai propri inviati l'equipaggiamento necessario per i loro viaggi.

C. Nella frase 5B si usa la parola "ritrovamento": provi a darne un sinonimo appartenente ad un registro più alto.

_____

ATTENZIONE: negozio fornito = well stocked

Nome _____

Corso _____

ESERCIZIO DI RICAPITOLAZIONE N. 2

A. <u>Completi gli spazi bianchi usando i seguenti <u>nomi</u>:</u>

   appunto, biglietto, educazione, fornitura, istruzione, mobili, nota

1. _____ _____ troppo sever____ può essere dannos____ per un bambino quanto _____ _____ tropp____ indulgent____.

2. Il loro _____ di condoglianze è stato molto apprezzato.

3. Nel trasloco alcun____ _____ antic____ si sono rovinat____ e dobbiamo portarli da un restauratore.

4. Prende _____ molto velocemente e in modo chiarissimo.

5. _____ _____ di lenzuola e biancheria per quel nuovo albergo è stata affidata ad una ditta locale.

6. Nella sua voce era avvertibile _____ _____ di orgoglio.

7. Molto spesso il livello di _____ delle persone dipende dalla loro situazione economica.

8. La maestra ha scritto _____ _____ di lode sul quaderno di Pierino.

B. Produca delle frasi libere usando i seguenti vocaboli:

Educare _____

_____

Arredare _____

_____

Istruzione _____

_____

Biglietto _____

_____

Appunto/i _____

_____

Educazione _____

_____

Mobili _____

_____

Nome _____

Corso _____

```
┌──────────┐
│RITORNARE │ ─────────► to return
└──────────┘
```

Vs.

```
┌──────────┐     restituire, rendere, ridare
│TO RETURN │ ──► ritornare
└──────────┘     ricambiare, contraccambiare
                 rimandare, rispedire
```

A. <u>Traduca</u>:

1. After the game, the players returned promptly to their dressing-rooms.

   _____

   _____

2. Considering that the game was almost over and that she was very tired, she was still returning the ball rather smartly.

   _____

   _____

3. Could you please return the article on Renaissance architecture I lent you several weeks ago?

   _____

   _____

4. They always returned favours very promptly.

   _____

   _____

5. Despite the promises, he returned to his old habits.

   _____

   _____

6. I have to rent a pair of skis because I don't have any of my own; I'll return them at the end of the day.

   _____

   _____

B. Completi gli spazi bianchi in modo opportuno:

   1. I bambini _____ da scuola a orari diversi a seconda dell'età.

   2. Dopo la rottura del fidanzamento lei gli _____ l'anello col brillante.

   3. In caso questo pacco venga smarrito, si prega di _____ al mittente.

   4. Sandra mi ha imprestato la sua macchina ma gliela devo _____ subito.

   5. I figli non potranno mai _____ quello che i genitor hanno fatto per loro.

   6. Non appena lo sciopero delle poste finirà ti _____ la lettera che ho ricevuto per errore.

C. Scriva due frasi con "rendere" e due frasi con "rimandare":

   1. _____
      _____

   2. _____
      _____

   1. _____
      _____

   2. _____
      _____

Nome _____

Corso _____

| FACILITA | → | facility, ease, ability |

Vs.

| FACILITIES | → | attrezzature |

A. Traduca:

1. Many small towns lack medical facilities.

2. Both of them have a great facility for learning languages.

3. North American universities have a good number of facilities such as libraries, laboratories and conference rooms.

4. I dislike the ease with which he says the most embarrassing things to her.

B. Completi gli spazi bianchi in modo opportuno:

1. _____ _____ sportiv____ dei villaggi olimpici, vengono messe a disposizione del pubblico alla fine delle Olimpiadi.

2. Non ti preoccupare per lui; ha _____ estrem____ _____ ad adattarsi alle situazioni più impreviste.

3. _____ _____ alberghier____ della costa adriatica sono in continua espansione.

C. Controlli le differenze fra 1. <u>attrezzatura, attrezzare</u> 2. <u>equipaggiamento, equipaggiare</u> e dia degli esempi.

1. _____
_____
_____

2. _____
_____
_____

Nome _____

Corso _____

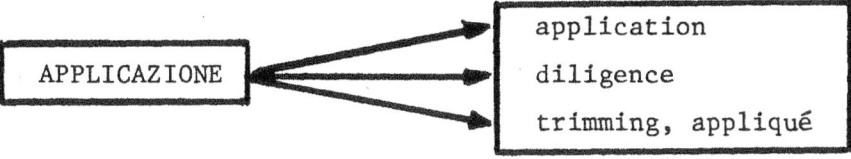

Vs.

A. Traduca:

1. Candidates for a new position always have many application forms to fill.

   _____
   _____

2. Diligence and perseverance will help you succeed in your future career.

   _____
   _____

3. The little girl's dress has handmade trimmings around the hem.

   _____
   _____

4. The application of nuclear power to industry is very controversial.

   _____
   _____

5. The application of the law is equal and just in all cases.

   _____
   _____

B. **Completi gli spazi bianchi nel modo opportuno:**

1. Il termine per spedire _____ _____ di lavoro scadrà il trenta marzo prossimo.

2. Le sue teorie sono molto interessanti, ma non credo che possano avere nessuna _____ pratica.

3. Studia il piano con _____ tale _____ che credo diventerà un pianista famoso.

4. I vestiti con _____ _____ andavano di moda tanti anni fa.

5. Dopo sole tre _____ di questa crema, vedrete già risultati sorprendenti.

6. _____ _____ per le borse di studio sono state in numero ben maggiore alle aspettative.

C. **Nella frase B. 1. viene usata la parola "termine"; aiutandosi col vocabolar produca almeno tre frasi in cui "termine" abbia tre significati diversi:**

1. _____

2. _____

3. _____

Nome _____

Corso _____

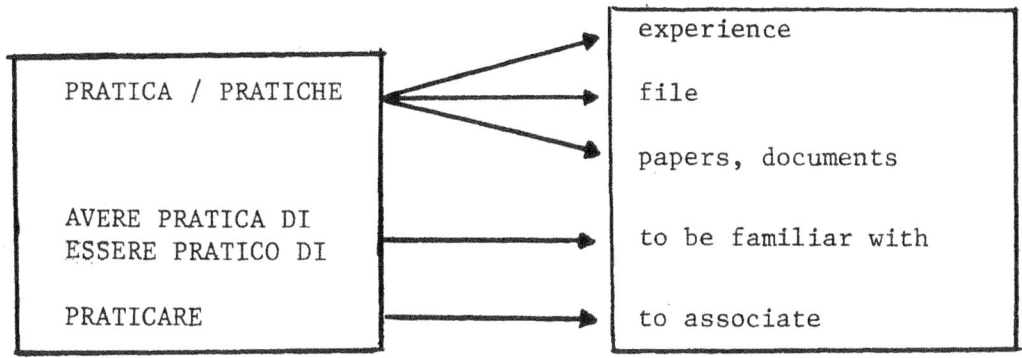

Vs.

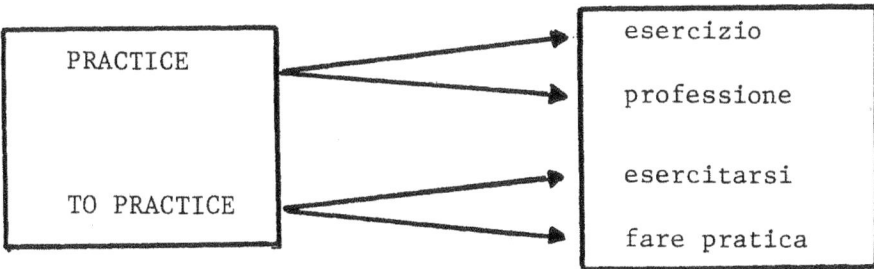

A. Traduca:

1. I want to adopt a child, but first I have to get all the necessary papers ready.

   _____

   _____

2. He likes to associate with people who could be useful to him in the future.

   _____

   _____

3. I am not too familiar with these tools, but I will do my best.

   _____

   _____

4. The new baby-sitter is good and has a lot of experience with children.

   _____

   _____

5. At the moment my secretary cannot find your file; we shall call you back as soon as possible.

   _____

   _____

6. Too bad Dr. Jones has retired from practice; he was an outstanding general practitioner.

   _____

   _____

7. You must practice piano at least two hours a day to pass the examination.

   _____

   _____

B. <u>Completi gli spazi bianchi in modo opportuno</u>:

1. Un neo-laureato in legge deve _____ nell'ufficio di un avvocato.

2. Quando il nostro medico ha iniziato _____ _____ era molto giovane.

3. Non si preoccupi per il ritardo; inoltreremo subito _____ _____ di suo padre all'ufficio competente.

4. Avevano già iniziato _____ _____ per il divorzio, ma pare che abbiano cambiato idea.

5. Ha cominciato a _____ gente poco raccomandabile e, poco a poco, è uscito dal nostro giro di amicizie.

6. Ieri sono andato in palestra, ma ho tutti i muscoli doloranti perché sono fuori _____ .

Nome _____

Corso _____

C.1. Produca due frasi in cui <u>pratica</u> abbia due significati diversi:

   a. _____

   _____

   b. _____

   _____

2. Spesso <u>practice</u> può avere sia il significato di <u>esercizio</u> che di <u>allenamento</u>. Aiutandosi col vocabolario, produca due frasi che illustrino la differenze fra <u>esercizio</u> e <u>allenamento</u>.

   a. _____

   _____

   b. _____

   _____

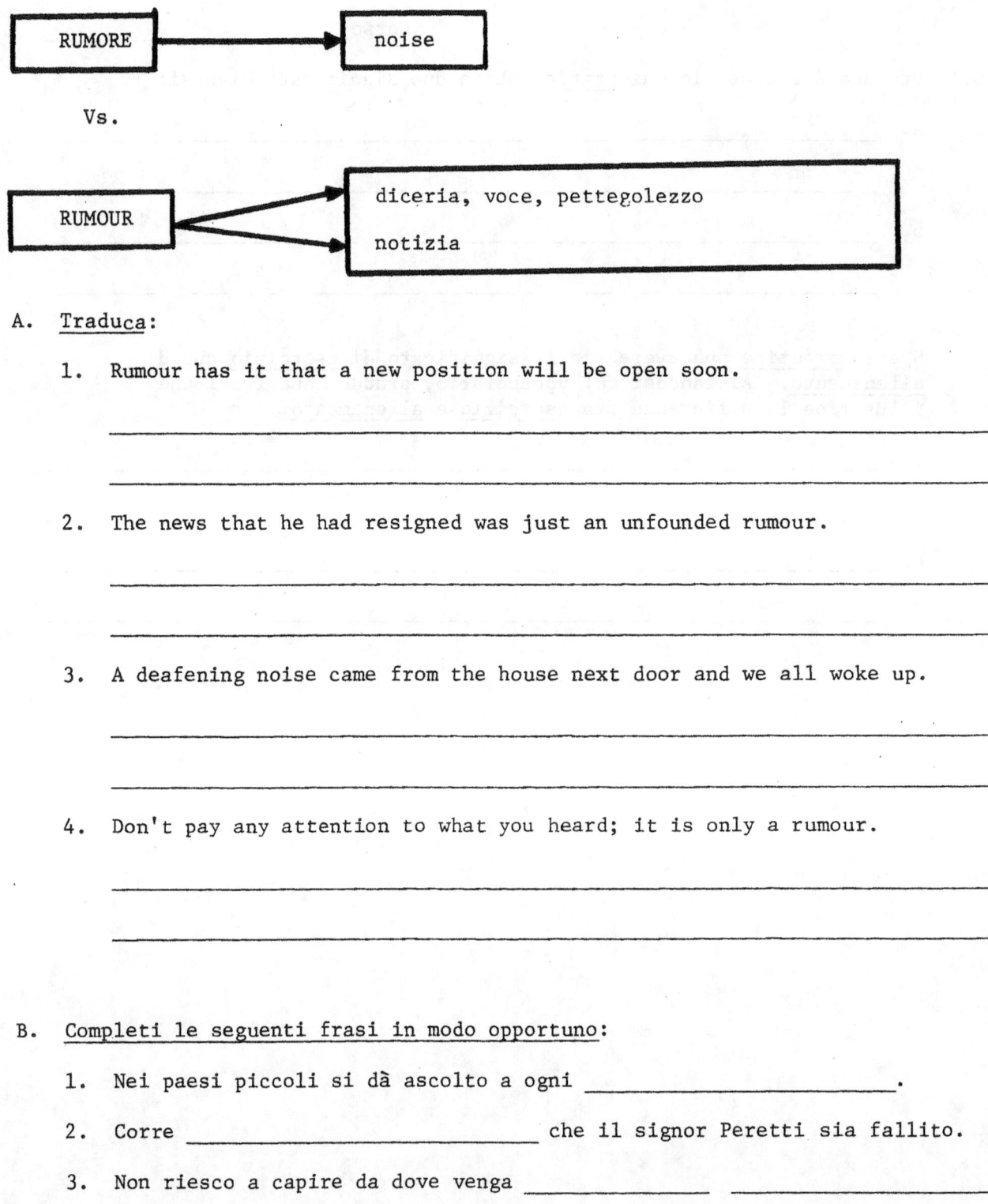

A. Traduca:

1. Rumour has it that a new position will be open soon.
   _____
   _____

2. The news that he had resigned was just an unfounded rumour.
   _____
   _____

3. A deafening noise came from the house next door and we all woke up.
   _____
   _____

4. Don't pay any attention to what you heard; it is only a rumour.
   _____
   _____

B. Completi le seguenti frasi in modo opportuno:

1. Nei paesi piccoli si dà ascolto a ogni _____.

2. Corre _____ che il signor Peretti sia fallito.

3. Non riesco a capire da dove venga _____ _____ che sento.

C. Cerchi tutti i sinonimi di "rumore" e ne spieghi le differenze mediante frasi.

Nome _____

Corso _____

ESERCIZIO DI RICAPITOLAZIONE N. 3

A. <u>Completi gli spazi bianchi usando i seguenti verbi e i seguenti nomi</u>:

restituire, ricambiare, rispedire, ritornare;
applicazione, attrezzature, domanda, esercizio, pratica, voci

1. I bambini _____ a casa bagnati, perché pioveva a dirotto.

2. In Jugoslavia negli ultimi anni, _____ _____ turistic_____ sono aumentate notevolmente.

3. _____ _____ tropp_____ frequent_____ di raggi X sono estremamente dannos_____ all'organismo.

4. Ci hanno invitato soltanto per _____ il nostro invito a cena di alcune settimane fa.

5. Signorina, vada in archivio a prendere _____ _____ del dottor Rossi, per favore!

6. Hanno detto che avrebbero preso una decisione dopo aver ricevuto tutt_____ _____ _____ relativ_____ alla loro offerta di lavoro.

7. _____ _____ costant_____ è una cosa essenzial_____ per imparare bene una lingua straniera.

8. Il dolce che mi hai portato era squisito; la prossima volta che ci vediamo, ti _____ il piatto.

9. È la terza lettera che sua sorella gli _____ senza nemmeno aprirla!

10. Circolavano _____ sul suo conto ma nessuno le ha mai verificat_____.

B. **Produca delle frasi libere usando i seguenti vocaboli:**

Esercitarsi _____

Ritornare _____

Equipaggiare _____

Facilità _____

Rispedire _____

Applicazione _____

Contraccambiare _____

Rendere _____

Restituire _____

Rimandare _____

Voce _____

Nome _____

Corso _____

```
┌──────────┐      ┌──────────────┐
│SUCCEDERE │─────▶│  to happen   │
└──────────┘  ╲   │              │
               ──▶│  to succeed  │
                  └──────────────┘
```

Vs.

```
┌──────────┐      ┌──────────────┐
│TO SUCCEED│─────▶│  riuscire    │
└──────────┘  ╲   │              │
               ──▶│ succedere a… │
                  └──────────────┘
```

A. <u>Traduca</u>:

1. He is so determined to become a lawyer that I am sure he will succeed.

   _____

   _____

2. As soon as he finished the School of Business, he succeeded his father as Chairman of the Board of Directors.

   _____

   _____

3. Stop crying and tell me exactly what happened.

   _____

   _____

4. We finally succeeded in obtaining the student loan we requested from the bank.

   _____

   _____

B. Completi gli spazi bianchi in modo opportuno:

1. I nostri amici _____ sempre ad organizzare delle feste piacevoli senza troppa fatica.

2. Umberto II _____ a Vittorio Emanuele III per un brevissimo regno nel 1946.

3. Non so che cosa _____; sono cinque mesi che non vedo Carla e non so dove rintracciarla.

4. Nella vostra vita _____ sempre le cose più strane e inaspettate.

C. Scriva due frasi con due significati diversi di "succedere" al passato prossimo:

1. _____
   _____

2. _____
   _____

Nome _____

Corso _____

REALIZZARE → to realize, carry out

Vs.

TO REALIZE → capire, rendersi conto di..., accorgersi di...
→ realizzare

A. Traduca:

1. I have just realized that I will never make it by myself and that I need some help.

   _____
   _____

2. Doesn't she realize she is wrong?

   _____
   _____

3. He finally realized his dream of visiting Europe.

   _____
   _____

4. Young people don't realize they will not be young forever.

   _____
   _____

B. Completi gli spazi bianchi in modo opportuno:

1. Abbiamo l'impressione che lui non _____ in pieno l'importanza dell'avvenimento.

2. Quei nostri amici _____ una cifra notevole dalla vendita di un appezzamento di terreno.

3. Un architetto svedese ha fatto il progetto e un'impresa di costruzioni locale lo _____ in breve tempo.

4. Io _____ troppo tardi del tuo inganno.

5. È un ragazzo un po' irresponsabile e agisce male senza _____.

6. È ben difficile che un individuo riesca a _____ tutte le sue aspirazioni.

Nome _____

Corso _____

```
ARGOMENTO ──▶ subject, topic, matter
          ──▶ reasons
```

Vs.

```
ARGUMENT ──▶ discussione, controversia
         ──▶ litigio
```

A. Traduca:

1. Next time we get together we will come back to the matter.

   _____

   _____

2. They often have arguments about how to deal with their children.

   _____

   _____

3. Abortion is a very controversial topic.

   _____

   _____

4. I haven't yet chosen my essay topic.

   _____

   _____

5. Paul changes the subject every time his father wants to talk about his progress in school.

   _____

   _____

6. It is always difficult to make up after a heated argument but with humility and understanding it can be done.

   _____

   _____

B. <u>Completi gli spazi bianchi in modo opportuno:</u>

1. Non ti sarà difficile convincerlo se gli offrirai _____
_____ valid____ e persuasiv____.

2. È una persona sfuggente; parla di tutto ma cerca di non entrare in nessun _____ in particolare.

3. Considerando che lei ha scelto _____ _____ di natura difficile, il suo tema è ben impostato.

4. Dopo _____ lung____ ed estenuante _____ a causa dell'eredità paterna, i due fratelli si riconciliarono.

5. In casa vostra ci sono _____ continu____

_____ anche per delle cose di poca importanza.

6. Voi potete continuare per ore a discutere, ma per conto mio _____
_____ e chius____.

7. La custodia dei figli, dopo un divorzio, è un _____ di cui si discute molto.

C. <u>Nella frase 7B si usa la parola "custodia" col significato di "custody": produca due frasi in cui "custodia" abbia un significato diverso:</u>

1. _____
_____

2. _____
_____

Nome _____

Corso _____

SOPPORTARE → to tolerate / to bear / to stand

Vs.

TO SUPPORT → mantenere, finanziare / sostenere, appoggiare / confermare, provare

A. Traduca:

1. The first duty of a father is to support his family.

2. That institution is supported by charitable donations.

3. He could not tolerate such insolence.

4. I cannot bear to see him suffer so much.

5. Indoor plants cannot stand sudden changes in temperature.

6. His theory is well supported by experience.

7. They all supported the newly elected candidate.

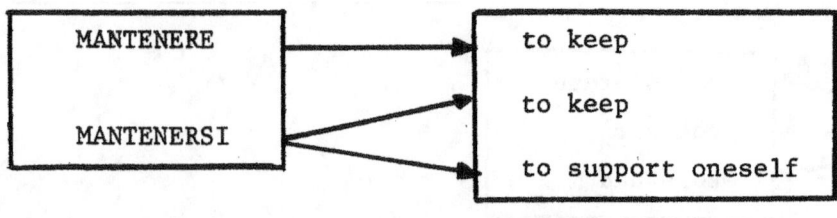

Vs.

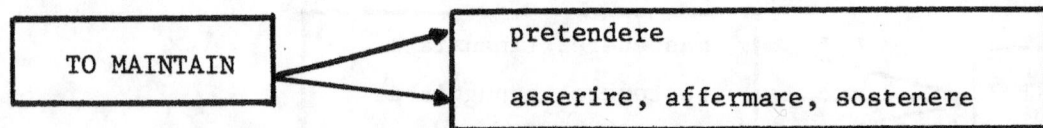

A. <u>Traduca</u>:

1. I would like to keep young and in good health for as long as possible.

   _____

   _____

2. They maintain that there is only one solution to the problem.

   _____

   _____

3. Parents must always keep the promises they make to their children.

   _____

   _____

4. It's very nice of you to keep these old family traditions.

   _____

5. He maintains very strongly that it was your fault.

   _____

6. She can support herself; she doesn't need your help.

   _____

7. In Canada, roads are kept clear even after the worst snowstorms.

   _____

   _____

Nome _____

Corso _____

B. <u>Completi gli spazi bianchi con i vari significati di</u>:

sopportare, sostenere, mantenere, mantenersi, asserire, affermare, pretendere

1. Le persone fragili non possono _____ le avversità della vita.

2. Dopo un terremoto è meglio non _____ in piedi gli edifici pericolanti.

3. Dopo il matrimonio lui ha dovuto _____ i suoceri perché erano poveri e malati.

4. Mio padre _____ che la gioventù di oggi è più matura di quella di una volta.

5. Certi insegnanti _____ la disciplina senza nessuna fatica.

6. Siamo stati fortunati perché il tempo _____ bello per tutta la durata delle nostre vacanze.

7. Da quando ha avuto l'esaurimento nervoso, non _____ il minimo rumore.

8. Nonostante i fatti dimostrino il contrario, lui _____ di non sapere nulla dell'accaduto.

9. In certi paesi sottosviluppati la gente _____ delle famiglie molto numerose con delle cifre irrisorie.

<u>ATTENZIONE</u>:

1. to keep up appearance = salvare le apparenze

2. I can't keep up with you; you are going too fast. = Non riesco a seguirti; vai troppo in fretta.

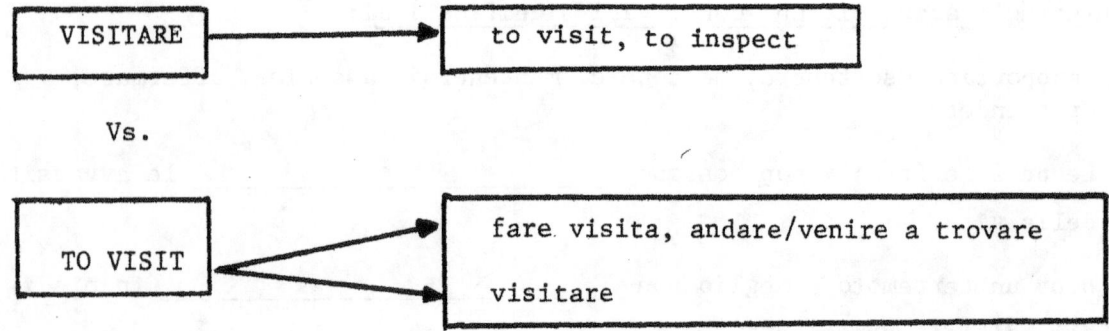

A. Traduca:

1. The doctor visits his patients at home when they are too sick to go to his office.

   _____

   _____

2. They come to visit us once a year and they usually bring the whole family.

   _____

   _____

3. When we were in Rome, we visited the Vatican Museum.

   _____

   _____

B. Completi gli spazi bianchi in modo opportuno:

1. L'Ufficiale Sanitario deve _____ periodicamente scuole e asili infantili.

2. Saranno due anni che non _____ quella signora, anche se la penso spesso.

3. I primari degli ospedali _____ i propri pazienti una volta al giorno.

Nome _____

Corso _____

ESERCIZIO DI RICAPITOLAZIONE N. 4

A. <u>Completi gli spazi bianchi usando i seguenti verbi e i seguenti nomi</u>:

    mantenere, riuscire, sopportare, sostenere, succedere, tollerare, visitare;
    argomento, discussione, litigio

1. Il fatto _____ tanti anni fa e non ne ricordo i dettagli.

2. Lui _____ da anni le stesse idee politiche.

3. Quest____ _____ è steril____ e inutil____ e non ci porta a nessuna conclusione.

4. Quella povera madre _____ l'innocenza del figlio contro tutte le evidenze.

5. Non posso _____ il caldo di agosto.

6. Sembra che sia _____ _____ delicat____; sarebbe meglio non insistere.

7. È una persona fortunata; _____ ad avere la carriera e il tipo di vita che desiderava.

8. L'arcobaleno _____ sempre al temporale.

9. Ti puoi fidare di lui; _____ sempre la parola data.

10. _____ _____ per motivi di interesse tra membri della stessa famiglia, sono sempre spiacevoli.

11. È più facile _____ l'invidia che l'indifferenza altrui.

12. Non sono riusciti a diagnosticare la causa della febbre anche se ben tre medici lo _____.

B. Produca delle frasi libere usando i seguenti vocaboli:

Tollerare

Argomento

Riuscire

Mantenere

Discussione

Sopportare

Succedere

Sostenere

Litigio

Andare a trovare

Nome _____

Corso _____

```
[APPUNTAMENTO] ──────▶ [appointment, date]
```

Vs.

```
                        ┌─▶ nomina, carica
[APPOINTMENT] ──────────┼─▶ impiego, incarico, posto
                        └─▶ appuntamento
```

A. <u>Traduca</u>:

1. He was unable to keep the appointment he had with his lawyer.

   _____

   _____

2. His appointment as ambassador was not unanimously supported.

   _____

   _____

3. The terms and conditions of the appointment are as discussed during our interview.

   _____

   _____

4. Government appointments in every country are open only to citizens.

   _____

   _____

5. There will be no more appointments this year because of budget restraints.

   _____

   _____

6. I hate to break the appointment I have with you this afternoon, but I don't have any choice.

   _____

   _____

B. **Completi gli spazi bianchi in modo opportuno:**

1. Il candidato ha ricevuto _____ _____ a tempo pieno con un contratto di un anno.

2. _____ _____ del dottor Ricci a direttore generale ha sorpreso tutti i membri del comitato.

3. Non ci si può fidare di lui; è sempre in ritardo _____ _____.

4. In Italia essere presidenti di una squadra di calcio è _____ _____ molto ambit_____.

5. Molto spesso per ottenere _____ _____ in qualche ministero bisogna avere delle raccomandazioni.

6. Avere _____ _____ in qualche comitato direttivo può essere importante per la carriera.

NOTARE

Un uso particolare di appointment: "Certain manufacturers are allowed to advertize their products with the phrase: by appointment of Her Majesty the Queen."

In italiano quest'ultima parte si traduce: Fornitore di Sua Maestà la Regina.

Nome _____

Corso _____

```
┌──────────┐      ┌─────────────────────┐
│ ASSUMERE │────▶ │ to hire, to appoint │
└──────────┘      │ to assume           │
                  └─────────────────────┘
```

Vs.

```
┌───────────┐      ┌─────────────────────────────┐
│ TO ASSUME │────▶ │ presumere, supporre, ritenere│
└───────────┘      │ assumere, prendere          │
                   └─────────────────────────────┘
```

A. <u>Traduca:</u>

1. I assume everything he said is true.

   _____

   _____

2. He assumed the presidency of the firm in 1952.

   _____

   _____

3. They hired the new employee at a low salary because he did not have any previous experience.

   _____

   _____

4. Why do you assume that we are indifferent and that we do not feel anything?

   _____

   _____

5. They are wrong in assuming we do not have any problem.

   _____

   _____

B. Completi gli spazi bianchi in modo opportuno:

1. Dopo la morte del padre ha interrotto gli studi e _____ la direzione degli affari.

2. Da quando la moglie lo ha lasciato _____ un'aria indifferente.

3. Tutti _____ che lui fosse ricco, invece la sua eredità consiste di pochi quadri e qualche libro.

4. In quella industria _____ solo persone che abbiano esperienza e capacità direttive.

5. Un avvocato difensore deve sempre _____ che il suo cliente sia innocente.

CURIOSITÀ

① "After leaving Germany in 1945, he lived in Brasil for fifteen years under an <u>assumed</u> name." La traduzione è: "Dopo aver lasciato la Germania nel 1945, ha vissuto in Brasile per quindici anni sotto <u>falso</u> nome."

② "To take it upon oneself to do something." Si traduce: "Assumersi/ prendersi l'incarico di fare qualcosa."

Nome _____

Corso _____

POSIZIONE → position

Vs.

POSITION →
- situazione, condizione
- posto, impiego, lavoro
- opinione, punto di vista, posizione
- posizione (del corpo, di un oggetto)

A. <u>Traduca</u>:

1. He has attained a good position in the Civil Service.

2. I regret I am not in a position to answer your questions. I wish I could be more helpful.

3. Your position on the issue wasn't clear to me at yesterday's meeting.

4. He put himself in a very awkward position and, as usual, he blames other people for it.

5. She has been looking for a position as a governess since last year and she finally found one.

6. We are sitting in a very uncomfortable position.

   _____

   _____

B. Completi gli spazi bianchi in modo opportuno:

1. _____ _____ politica del nuovo ministro è compromettente, ma gli è difficile cambiare direttiva di comportamento.

2. Abbiamo comprato una casa in _____ bella _____ da cui si può ammirare un panorama stupendo.

3. Gli hanno offerto _____ _____ da dirigente e con gli anni raggiungerà di sicuro _____ _____ invidiabile.

4. Dopo l'incidente deve stare in _____ supina per due mesi e non può muoversi per nessun motivo.

5. Quell'uomo si è fatto _____ _____ senza l'aiuto di nessuno e ne è giustamente molto orgoglioso.

NOTA BENE

"In Italia di sera sono necessarie le <u>luci di posizione</u> per chi guida in città."

"Luci di posizione" si traduce "parking lights."

Nome _____

Corso _____

ESERCIZIO DI RICAPITOLAZIONE N. 5

A. <u>Completi gli spazi bianchi con i seguenti **verbi** e i seguenti **nomi**:</u>

assumere, supporre;
appuntamento, carica, condizione, impiego, posizione, posto, situazione

1. Ha dovuto rimandare _____ _____ che aveva dal dentista fino alla settimana prossima.

2. Se rifiutate il loro invito vi metterete in _____ _____ imbarazzant____ .

3. Dato che la produzione della fabbrica è raddoppiata, _____ un centinaio di nuovi operai.

4. Abbiamo saputo che ricopri _____ _____ molt____ important____ nell'amministrazione provinciale.

5. In pochi anni hanno raggiunto _____ invidiabil____ _____ economic____ .

6. Ha rifiutato _____ _____ che gli è stato offerto, perché non offriva sicurezza per l'avvenire.

7. _____ vostr____ _____ circa la discussione di ieri sera non è affatto chiar____ .

8. Quando non scrivete, vostra madre _____ sempre vi sia successo qualcosa.

9. Beato lui! Ha _____ _____ che lo porta a viaggiare e a conoscere gente interessante.

10. Siamo molto confusi ed emozionati e non siamo in _____ _____ di fare una scelta così importante.

B. <u>Produca delle frasi libere usando i seguenti vocaboli:</u>

Situazione _____

_____

Posizione _____

_____

Impiego _____

_____

Appuntamento _____

_____

Carica _____

_____

Assumere _____

_____

Supporre _____

_____

C. <u>Qui sopra viene usata la parola "carica" col significato di "position".
Produca due frasi in cui "carica" abbia un significato diverso:</u>

1. _____

_____

2. _____

_____

Nome _____
Corso _____

```
┌─────────┐      ┌───────────┐
│ PARENTI │ ───> │ relatives │
└─────────┘      └───────────┘
```

Vs.

```
┌─────────────────────┐     ┌──────────────────────────────┐
│ PARENTS             │ ──> │ genitori                     │
│ TO BECOME RELATED   │ ──> │ imparentarsi con/a...        │
│ TO BE RELATED       │ ──> │ essere imparentato con/a...  │
└─────────────────────┘     └──────────────────────────────┘
```

A. <u>Traduca</u>:

1. My parents live in Holland, but they were born in Belgium.

   _____

   _____

2. They decided to restrict the wedding invitations to close relatives only.

   _____

   _____

3. It must be very hard for a single parent to deal with all the problems of raising the children.

   _____

   _____

4. Through marriage I became related to a few people I like and trust very much.

   _____

   _____

B. Completi le seguenti frasi in modo opportuno:

1. _____ _____ hanno con i figli un rapporto basato sull'amicizia e non sull'autorità.

2. Ci sono certi nostri _____ acquisiti che abbiamo visto forse una o due volte.

3. Maria fa sempre delle vacanze interessanti perché ha _____ sparsi in tutte le parti del mondo.

4. Molte volte gli sbagli _____ _____ si ripercuotono sui figli.

5. I nobili europei _____ quasi tutti fra di loro.

C. Notate che nella frase 4B viene usato il verbo "ripercuotersi." Aiutandovi col vocabolario producete due frasi con il verbo "ripercuotersi" e due con il verbo "percuotere."

1. ⓐ _____
   ⓑ _____
2. ⓐ _____
   ⓑ _____

ATTENZIONE

Next of kin si traduce: parente più stretto/prossimo

Nome _____

Corso _____

```
┌──────────┐      ┌─────────────────────────────────────────────┐
│ ACCIDENTE│─────▶│ viene usato in espressoni idiomatiche di uso│
└──────────┘      │ colloquiale come risulta dalla sezione B    │
                  └─────────────────────────────────────────────┘
```

Vs.

```
┌──────────┐      ┌──────────┐
│ ACCIDENT │─────▶│ incidente│
└──────────┘─────▶│ caso     │
                  └──────────┘
```

A. <u>Traduca</u>:

1. We met by accident at our company's annual convention.

   _____

   _____

2. Certain people are more prone to accidents than others.

   _____

   _____

3. It was by mere accident that I found myself on the train with your husband.

   _____

   _____

4. Although he has always been a very careful driver, he was involved in an unfortunate road accident and lost the use of his legs.

   _____

   _____

   _____

B. **Completi gli spazi bianchi in modo opportuno:**

1. Mio figlio è proprio _____ _____! Non sta fermo un minuto!

2. Se esci senza sciarpa e senza berretto con questo freddo ti prenderai _____ _____!

3. Avrò letto almeno tre volte quel paragrafo ma non ci capisco proprio _____ _____.

4. Quando le ho detto quello che è successo per poco non le è venuto _____ _____.

NOTA BENE

Molte volte <u>incidente</u> si può tradurre con <u>incident</u> in frasi come:

1. Una serie di incidenti diplomatici (diplomatic incidents) ha provocato la rottura dei rapporti fra Cile e Russia.

2. C'è stato un curioso incidente (curious incident) alla festa di ieri sera.

3. Un incidente di frontiera (frontier incident) preannunciò lo scoppio della guerra.

— È stato fortunato ad avere l'incidente ieri! Oggi non avrebbe trovato un letto libero.

— Mi dispiace, Lorenzo, ma questa mattina ho avuto un incidente d'auto.

Nome _____

Corso _____

| RICOVERARE | → | to hospitalize |

Vs.

| TO RECOVER | → recuperare
→ ristabilirsi, guarire
→ riprendersi |

A. <u>Traduca</u>:

1. He is definitely improving after the accident, but I doubt he will ever recover completely.

   _____

   _____

2. After filling out the necessary papers he was hospitalized for some tests.

   _____

   _____

3. After the earthquake many people were trying to recover what was left of their belongings.

   _____

   _____

4. It took the company a long time to recover from the economic crisis caused by unfortunate investments.

   _____

   _____

   _____

B. Completi gli spazi bianchi in modo opportuno:

1. Dopo un attimo di smarrimento, lui _____ immediatamente la sua impassibilità.

2. La ragazza _____ completamente grazie alle assidue cure dei medici e del personale ospedaliero.

3. I suoi genitori hanno deciso di _____ in una clinica psichiatrica, a causa delle sue frequenti crisi depressive.

4. Stanno _____ le forze lentamente ma fra alcuni giorni saranno in perfetta forma.

C. Nella frase 1B viene usato il sostantivo "impassibilità." Produca una frase con "impassibilità" e una con l'aggettivo "impassibile."

1. _____
   _____

2. _____
   _____

NOTA BENE

"He recovered the stolen goods" si traduce: "Ha recuperato la refurtiva."

Nome _____

Corso _____

ANNOIARE	→	to bore
ANNOIARSI	→	to get bored
NOIOSO	→	boring
NOIA	→	boredom

Vs.

TO ANNOY	→	irritare, seccare, infastidire
TO GET ANNOYED	→	irritarsi, seccarsi, infastidirsi
ANNOYING	→	irritante, fastidioso

A. <u>Traduca</u>:

1. She is such an active person that she doesn't even know what the word "boredom" means.

   _____

   _____

2. The annoying thing about it is that they did not even apologize for their inexcusable behaviour.

   _____

   _____

3. It has been the most boring evening of my life.

   _____

4. The teacher was annoyed with his students because the compositions were badly written.

   _____

   _____

5. We get bored every time he tells his old jokes.

   _____

   _____

B. Completi gli spazi bianchi in modo opportuno:

1. I discorsi dei vecchi sono spesso _____ perché ripetono sempre le stesse cose.

2. Loro _____ alla festa a casa di Giuliana perché non conoscevano nessuno.

3. Il suo modo di fare così prepotente mi _____ sempre.

4. È meglio non arrivare in ritardo perché i padroni di casa _____ moltissimo.

5. L'ipocrisia è il più _____ di tutti i difetti umani.

6. Per combattere la _____ molto spesso si fanno cose sciocche.

— Ieri ho letto una mano così noiosa che ad un certo punto mi sono addormentata...

ATTENZIONE:

he is annoying me =
  mi dà noia, fastidio

— La coppia che abita di fronte a noi e non ha il televisore chissà come si annoierà di sera...

Nome _____

Corso _____

ESERCIZIO DI RICAPITOLAZIONE N. 6

A. <u>Completi gli spazi bianchi usando i seguenti **verbi** e i seguenti **nomi**:</u>

   annoiarsi, guarire, irritare, recuperare, ricoverare;
   accidente, caso, genitori, incidente, parenti

   1. Poiché non aveva _____ strett____, è stato adottato da una coppia senza figli dopo la morte _____ _____.

   2. _____ _____ ferroviari____ ha causato numerose vittime.

   3. Non capisco come faccia ad essere stanco dato che non ha fatto _____ _____ tutto il giorno!

   4. È stato _____ pur____ _____ che io abbia ritrovato il mio portafogli.

   5. Lo specialista lo _____ d'urgenza per una polmonite.

   6. Dopo un brutto esaurimento nervoso, Maria _____ lentamente tutte le sue energie.

   7. Maria _____ completamente dopo tre mesi di fisioterapia.

   8. La sua scortesia _____ tutti.

   9. Hanno fatto finta di divertirsi, ma sono sicuro che _____ a morte.

   10. Dopo un delicato intervento alla cornea, quel bambino _____ la vista quasi totalmente.

B. <u>Produca delle frasi libere usando i seguenti vocaboli:</u>

Parenti _____

_____

Genitori _____

_____

Accidente _____

_____

Incidente _____

_____

Caso _____

_____

Ricoverare _____

_____

Recuperare _____

_____

Guarire _____

_____

Annoiarsi _____

_____

```
FATTORIA ──▶ farm
```
Vs.
```
FACTORY ──▶ FABBRICA
```
Vs.
```
FABRIC ──▶ tessuto
```

A. Traduca:

1. In that warehouse it is possible to buy first quality shoes at factory prices.

   _____

   _____

2. The dress she was wearing was made of a rather precious and expensive silk fabric.

   _____

   _____

3. The children enjoy going to the farm to pick apples.

   _____

   _____

4. Certain factories send their products to Hong Kong for assembly because labour is cheaper there.

   _____

   _____

5. Although cotton and woollen fabrics are more expensive than synthetics, most people prefer them.

   _____

   _____

B. Completi gli spazi bianchi in modo opportuno:

1. I dipendenti _____ _____ di automobili scesero in piazza per protestare contro l'orario di lavoro.

2. Certi _____ sintetici possono provocare manifestazioni allergiche della pelle.

3. Con le moderne macchine agricole il lavoro _____ _____ si è molto più umanizzato.

4. In quella vetrina era esposto un impermeabile beige con la fodera di _____ scozzese.

5. In moltissim____ _____ italian____, gli operai dispongono di una mensa e di un "nido" per la cura dei bambini.

6. La produzione annua _____ _____ era di parecchie tonnellate di frumento e di granoturco.

NOTARE: FABRIC può anche essere usato con il significato di STRUTTURA,
es: The fabric of society
La struttura della società

Nome _____

Corso _____

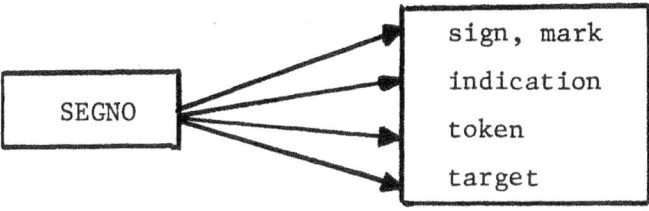

Vs.

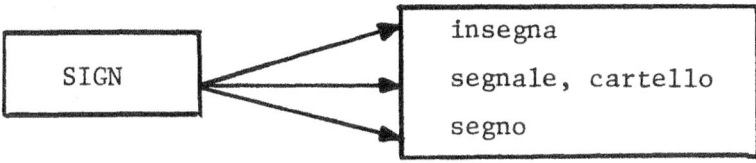

A. **Traduca:**

1. Please accept this little gift as a token of my gratitude.

2. A sudden fall in temperature is an indication of rain.

3. Although he had been practicing regularly, he missed the target.

4. They both had signs of suffering on their faces.

5. In that old house there is no sign of life.

6. The sign in front of the store was big and flashy and was attracting a lot of people.

7. They did not see the stop sign and were fined immediately.

_____

_____

B. <u>Completi le seguenti frasi in modo opportuno</u>:

1. In montagna ci sono _____ _____ stradali che indicano l'attraversamento di caprioli e di altri animali.

2. Con la tua occhiata gelida hai colpito _____ _____ più che con tante parole.

3. _____ _____ originale e ben fatta può a volte essere la fortuna di un negozio o di un bar.

4. Si sono stretti la mano in _____ di amicizia.

5. Mi ha regalato una medaglia con _____ _____ dello Zodiaco.

C. <u>Cercate sul vocabolario il significato di: 1. cartellone pubblicitario, 2. segnaletica stradale</u>.

1. _____

_____

2. _____

_____

<u>ATTENZIONE!</u>

L'espressione "segni caratteristici" che appare nei passaporti italiani, si traduce "distinguishing marks."

Nome _____

Corso _____

CONFIDENZA → familiarity, intimacy
            confidence

Vs.

CONFIDENCE → fiducia
             confidenza, segreto
             sicurezza

A. <u>Traduca</u>:

1. As I am telling you this in strict confidence, I expect you to keep it a secret.

   _____

   _____

2. Children have a great deal of confidence in their parents.

   _____

   _____

3. That young man inspires confidence in everybody.

   _____

4. He treats his students with great familiarity.

   _____

5. The candidate answered all the questions with confidence.

   _____

   _____

6. We must have confidence in the future if we want to overcome our present problems.

   _____

   _____

B. Completi gli spazi bianchi in modo opportuno:

1. Vi sono molto riconoscente per _____ _____
   che mi è stata dimostrata.

2. Ci conosciamo da tanto, ma non abbiamo tant____ _____
   e non parliamo molto di fatti personali.

3. Si comporta come se gli altri non esistessero e ha sempre _____
   gran _____ in se stesso.

4. Per poter andare in pensione, dovrei trovare un uomo di
   _____ che mandi avanti l'azienda.

5. Mi piace molto quel tuo amico; è calmo e sensato e ispira
   _____.

6. I giovani si scambiano _____ con più facilità
   degli adulti.

7. Sta diventando troppo sfacciato; si prende tropp_____
   _____!

ATTENZIONE:

Self-confidence = fiducia in se stesso

— Noè, di' la verità, tu non hai fiducia nella promessa del Signore!

Nome _____

Corso _____

Vs.

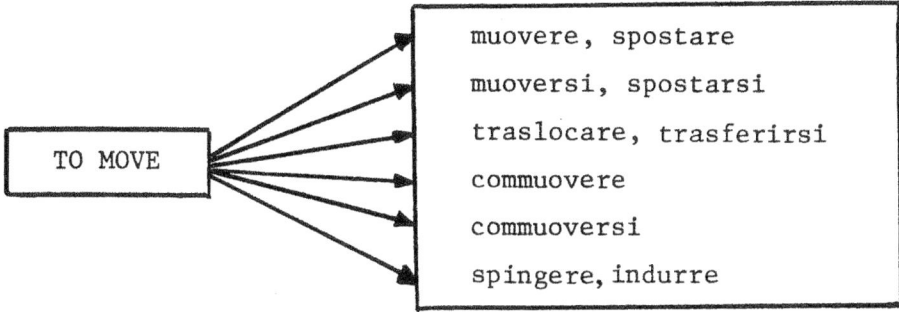

A. Traduca:

1. At the end of the month he will be moving to another city because he got a promotion.

   _____

   _____

2. They were moved to tears by the news you gave them.

   _____

   _____

3. Nobody moved when the robbers entered the bank with guns.

   _____

   _____

4. Professor Ricci would like to know who moved the books he left on his desk.

   _____

   _____

5. Since you have moved to the new apartment, we do not see each other as often as we used to.

   _____

   _____

6. Her rendition of Madame Butterfly moved the audience as usual.

   _____

7. It was anger that moved him to say those terrible things, but I am sure he did not really mean them.

   _____

B. Completi gli spazi bianchi in modo opportuno:

1. Ha visto e capito i nostri problemi, ma non _____ un dito per aiutarci: non glielo perdonerò mai.

2. Nel sistema solare _____ innumerevoli corpi celesti.

3. Mi hanno detto che _____, ma non so esattamente dove siano andati ad abitare.

4. Alla cerimonia di laurea del figlio, il padre _____ _____ profondamente.

5. Dopo una sosta interminabile finalmente il treno _____.

6. Prima che il sole diventi troppo caldo è meglio _____ _____ i vasi di begonia in una zona d'ombra del giardino.

— Ma è logico che non si muova! Anch'io, se fossi così vecchio, non avrei voglia di far niente!

— Sono sicuro di averlo visto muovere!

Nome _____

Corso _____

ESERCIZIO DI RICAPITOLAZIONE N. 7

A. <u>Completi gli spazi bianchi usando i seguenti **verbi** e i seguenti **nomi**:</u>

    muovere, traslocare;
    cartello, confidenza, fabbrica, fattoria, fiducia, insegna, segno, tessuto

1. Quando è andato in pensione ha comprato _____ _____ ed è andato a vivere in campagna.

2. Sulla porta del negozio c'è _____ _____ che dice: "Chiuso per ferie."

3. Sembra che abbiano deciso di _____ nella nuova casa in settembre.

4. Quando suo padre fa quella faccia, è cattivo _____

5. Non puoi sbagliare, è l'unico negozio della via con _____ _____ al neon.

6. Dopo tutte le delusioni che ha avuto, non ha più _____ in sé stesso.

7. Sulla sabbia c'era _____ _____ dei loro passi.

8. _____ _____ sorgono di solito nella zona industriale alla periferia delle città.

9. Di solito le ragazze hanno più _____ con la madre che con il padre.

10. Il vento _____ le foglie degli alberi con un fruscio leggero.

11. Quest____ _____ è fatt____ di una speciale fibra idrorepellente.

B. **Produca delle frasi libere usando i seguenti vocaboli:**

Tessuto

Segno

Fabbrica

Traslocare

Cartello

Fattoria

Insegna

Fiducia

Muoversi

Nome _____

Corso _____

ACCONTO ⟶ deposit, advance

Vs.

ACCOUNT ⟶ conto
⟶ racconto, resoconto
⟶ considerazione

A. Traduca:

1. I am a little short of cash. Would you please charge the things I bought to my account?

   _____

   _____

2. When she started to give us a detailed account of her trip to the Caribbean for the third time, we all left the room with an excuse.

   _____

   _____

   _____

3. The appliances you bought will be delivered next month and you can then pay the balance. At the moment we just require a ten per cent deposit.

   _____

   _____

   _____

4. In order to make such an important decision you must take into account all aspects of the problem.

   _____

   _____

5. I have just opened an account in that new branch of the Bank of Commerce.

   _____

   _____

6. We would like to settle our account by the end of the month.

   _____

   _____

B. <u>Completi gli spazi bianchi in modo opportuno</u>:

   1. Ci hanno dato solo _____ _____; pagheranno
      il resto quando consegneremo la merce.

   2. Di solito la gente ha due _____ in banca: _____
      _____ corrente e un libretto di risparmio.

   3. _____ _____ di come è riuscita a
      intervistare il famoso scienziato russo, fu molto interessante.

   4. Si tratta di cose di poc____ _____, ma se ti
      piacciono sarò felice di dartele.

   5. I clienti che fanno le ordinazioni di materiale non in lavorazione al
      momento, sono pregati di lasciare _____ _____.

   6. _____ _____ della sarta era piuttosto
      "salato" e i vestiti non erano confezionati con la solita cura.

— Prima che tu esprima un desiderio, t'informo che il mio conto in banca è scoperto!

Nome _____

Corso _____

| PRETENDERE | → | to want, to expect, to demand |

Vs.

| TO PRETEND | → | far finta, fingere |

A. <u>Traduca</u>:

1. My children love to pretend they're cowboys or pirates and they can play for hours.

   _____
   _____

2. Patients sometimes expect doctors to be available regardless of the time of day.

   _____
   _____

3. I demand extreme honesty and integrity from my friends.

   _____
   _____

4. We saw them at the restaurant, but they pretended not to see us.

   _____
   _____

5. He offended me without any reason; I demanded an apology from him.

   _____
   _____

6. It was not possible for me to buy Mario's car because he demanded immediate payment.

   _____
   _____

B. <u>Completi gli spazi bianchi in modo opportuno</u>:

1. Quando eravamo piccoli, i nostri genitori _____ che giocassimo senza sporcarci i vestiti.

2. Stai molto attento a Paolo; _____ di esserti amico ma in realtà ti è ostile.

3. Tutte le sere quando ritorna a casa _____ di essere stanchissimo per non doverle parlare.

C. <u>To pretend</u> e <u>pretendere</u> si usano sia in inglese che in italiano col significato di: <u>vantarsi di...</u>, <u>credersi in grado di...</u> . Aiutandosi col vocabolario, produca due frasi in cui <u>pretendere</u> abbia tale significato.

1. _____
   _____

2. _____
   _____

Nome _____

Corso _____

```
LICENZA ──→ permission, leave
        ──→ permit, licence, certificate
```

Vs.

```
LICENCE ──→ permesso, licenza
        ──→ PATENTE ──→ driver's licence
```

Vs.

```
PATENT    ──→ brevetto
TO PATENT ──→ brevettare
```

A. Traduca:

1. The soldier went home on leave for a few days.

_____

_____

2. They have revoked my driver's licence for a period of six months because I have accumulated too many demerit points.

_____

_____

3. He was granted a patent on his invention in a very short time.

_____

_____

4. Sometimes people change their mind while waiting for the marriage licence.

_____

_____

5. Poetic licence often justifies the use of peculiar rhyme patterns.

   _____

6. After receiving the elementary school certificate, he had to start working to help his family.

   _____

   _____

B. **Completi gli spazi bianchi in modo opportuno:**

1. Ci sono ancora molti ristoranti che non hanno _____ _____ per servire bevande alcoliche.

2. Mio nonno ha deciso di prendere _____ _____ quando aveva ormai superato i sessant'anni.

3. In certe carceri i detenuti che si distinguono per il loro comportamento ottengono _____ _____ di alcuni giorni.

4. Per ottenere _____ _____ di pilota, occorrono numerose ore di volo.

5. Quel prodotto è protetto da _____ _____ per impedire che altri lo riproducano illegalmente.

6. Non credo sia un tipo brillante; ha preso con molta fatica _____ _____ di scuola media.

7. In Italia l'età minima per prendere _____ _____ diciotto anni.

8. Questo brano è stato riprodotto con _____ dell'autore e della casa editrice.

9. Se si vuole _____ una nuova invenzione bisogna andare all'Ufficio _____.

NOTARE 1 Non è stato qui preso in considerazione PATENT con il significato di EVIDENTE, dato che, oltre ad essere poco usato, non presenta motivo di interferenza. Es.: This is a patent injustice.

2 Patent leather non vuole dire "pelle brevettata" ma vernice (pelle nera e lucida): borsa di vernice, scarpe di vernice ecc.

3 Patent medicine a sua volta vuole dire specialità farmaceutica.

Nome _____

Corso _____

ESERCIZIO DI RICAPITOLAZIONE N. 8

A. <u>Completi gli spazi bianchi con i seguenti **verbi** e i seguenti **nomi**</u>:

fingere, pretendere;
acconto, brevetto conto, licenza, patente

1. Non si effettuano riparazioni senza _____ _____.

2. Non posso prelevare i soldi dal mi___ _____ perché è scoperto.

3. E bravissimo a _____ di avere un coraggio che non ha affatto.

4. Marisa è molto simpatica, ma _____ che io sia sempre a sua disposizione.

5. Il signor Marozzi ha fatto richiesta all'ufficio competente per avere _____ _____ di commercio.

6. Ha avuto _____ _____ di alcuni giorni ma ha dovuto rientrare in caserma prima del previsto.

7. _____ _____ italian___ c'è anche la fotografia del guidatore.

8. Quell'ingegnere ha ottenuto _____ _____ per il meccanismo dell'impianto di sicurezza da lui progettato.

B. <u>Produca delle frasi libere usando i seguenti vocaboli:</u>

Acconto

Conto

Pretendere

Fingere

Licenza

Patente

Permesso

— Sto aspettando la licenza...

Nome _____

Corso _____

```
[UDIENZA] → hearing
           audience

Vs.

[AUDIENCE] → pubblico, spettatori
             udienza
```

A. Traduca:

1. The absence of an important witness caused the hearing to be adjourned to the next day.

    _____
    _____

2. The speaker was very nervous since he was not used to large audiences.

    _____
    _____

3. A group of people from Chile has been granted an audience with the Pope.

    _____
    _____

4. One of the most famous critics was in the audience and he seemed to enjoy the show very much.

    _____
    _____

5. I would advise you to go to the hearing tomorrow because new developments are expected on the case.

    _____
    _____

B. <u>Completi gli spazi bianchi in modo opportuno</u>:

1. Dato l'argomento scabroso, il giudice ha deciso di tenere _____ _____ porte chiuse.

2. _____ _____ delle grandi città è più esigente di quello di provincia in fatto di spettacoli teatrali.

3. Il presidente ha accordato ieri _____ _____ privata al ministro dei trasporti.

4. _____ _____ sono uscit____ incolum____ dal cinema in preda alle fiamme.

5. A causa di un malessere temporaneo di Sua Santità _____ _____ pontific____ saranno sospes____.

C. 1. Nella frase 1B viene usato l'aggettivo <u>scabroso</u>. Ne spieghi il significato e usi la parola in senso letterale prima e in senso metaforico dopo.

   _____

   _____

2. Nella frase 3B viene usato il verbo <u>accordare</u>.

   a. sostituisca il verbo con un sinonimo appartenente ad un registro più basso.

   _____

   _____

   b. produca due frasi in cui <u>accordare</u> abbia due significati diversi.

   1. _____

      _____

   2. _____

      _____

7. He has become a mature and sensible person.

_____

_____

B. <u>Completi gli spazi bianchi in modo opportuno</u>:

1. Dopo la grave crisi della notte scorsa, c'è stato _____ _____ miglioramento e il paziente può essere considerato fuori pericolo.

2. Devo portare gli occhiali scuri perché i miei occhi sono troppo _____ alla luce diretta.

3. Un personaggio pubblico, come un attore o un uomo politico, non deve essere _____ alle critiche.

4. Nei laboratori scientifici si usano bilance molto _____

5. La donna che lavora, di solito sceglie un abbigliamento _____ che le consenta una certa libertà.

C. <u>Nella frase 5B è usato il verbo "consentire"</u>. <u>Ne cerchi almeno un sinonimo</u>.

_____

_____

<u>ATTENZIONE</u>:

L'unico caso in cui <u>sensitive</u> può essere tradotto con <u>sensitivo</u> riguarda un particolare tipo di pianta, la "mimosa sensitiva", le cui foglie si chiudono appena sfiorate.

Nome _____

Corso _____

```
┌─────────────────┐
│ SENSIBILE       │──────────▶ ┌───────────┐
│ delicato        │            │ sensitive │
│ suscettibile    │            └───────────┘
└─────────────────┘
```

Vs.

```
┌──────────┐      ┌──────────────────────┐
│ SENSIBLE │─────▶│ sensato, ragionevole │
│          │─────▶│ notevole             │
│          │─────▶│ pratico, funzionale  │
└──────────┘      └──────────────────────┘
```

A. <u>Traduca</u>:

1. That is a sensible approach to solving the problem.

   _____

2. In that store downtown they sell sweaters at very sensible prices.

   _____

3. I cannot stay too long in the sun because I have very sensitive skin.

   _____
   _____

4. Don't mention to her the fact that her husband remarried; she is very sensitive about that.

   _____
   _____
   _____

5. If we decide to go camping, it's better to buy sensible clothing.

   _____
   _____

6. Be careful not to hurt his feelings; he is a very sensitive youth.

   _____
   _____

6. That building is dirty and old and has a run down appearance.

_____

_____

7. The appearance of U.F.O.'s caused a great deal of discussion lately.

_____

_____

B. <u>Completi gli spazi bianchi in modo opportuno</u>:

1. Benché _____ _____ sembri un uomo umile, è una persona dal carattere forte e dominatore.

2. La sera _____ _____ il giovane attore era terribilmente nervoso.

3. _____ _____ di una stella cometa avviene raramente ed è oggetto di studio.

4. _____ _____ inganna!

5. È bene non fidarsi mai _____ _____.

C. <u>Nella frase 4B è usato il verbo "avvenire". Cerchi un sinonimo appartenente ad un registro più basso.</u>

_____

_____

Nome _____

Corso _____

APPARENZA → appearance

Vs.

APPEARANCE →
- aspetto
- apparenza
- debutto (=first appearance)
- apparizione

A. **Traduca:**

1. That actress retired from the stage a few weeks ago. I still remember her first appearance at the Manzoni theatre in Milan in 1930.

2. His appearance tells me he is not in good health.

3. Everybody knows they hate each other, but they stay together for the sake of appearances.

4. His neat and tidy appearance impressed the man who interviewed him.

5. An intelligent and open minded person never judges by appearances.

Nome _____

Corso _____

ESERCIZIO DI RICAPITOLAZIONE N. 9

A. Completi gli spazi bianchi con i seguenti nomi e i seguenti aggettivi:

apparenza, aspetto, pubblico udienza, apparizione;
suscettibile, scabroso, ragionevole, sensato, sensibile

1. Il nuovo complesso musicale mandava in delirio _____ _____ dei giovani.

2. _____ _____ di ieri erano presenti solo gli imputati ed i loro avvocati.

3. Mi stupisce che tua sorella sia ammalata perché ha _____ _____ florido e per nulla sofferente.

4. Abitava in una casa piccola e _____ _____ modest____.

5. Considerando che sono giovani e inesperti fanno dei ragionamenti molt____ _____.

6. Quasi tutti sono _____ ai complimenti e all'adulazione.

7. Stai attento a non offenderlo; è molto _____ alle critiche.

8. Il santuario di Fatima in Portogallo, è stato costruito per celebrare _____ _____ della Madonna a tre giovani pastori.

9. Poiché il film trattava di un argomento _____ la censura ha imposto dei tagli notevoli.

10. Non avrai nessuna difficoltà; il signor Rossi è una persona molt____ _____ e capisce le esigenze degli altri.

B. <u>Produca delle frasi libere usando i seguenti vocaboli:</u>

Udienza _____

_____

Pubblico _____

_____

Sensibile _____

_____

Sensato _____

_____

Suscettibile _____

_____

Debutto _____

_____

Aspetto _____

_____

Notevole _____

_____

Apparizione _____

_____

Nome _____

Corso _____

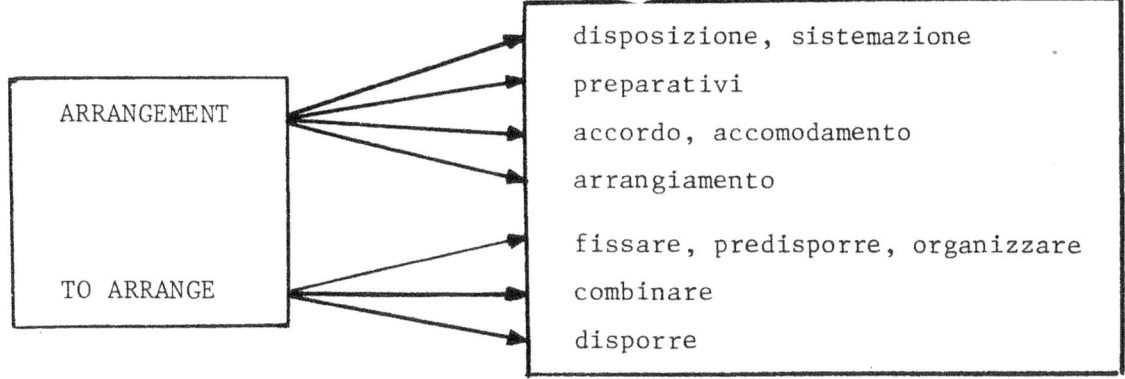

Vs.

```
                    disposizione, sistemazione
                    preparativi
ARRANGEMENT         accordo, accomodamento
                    arrangiamento

                    fissare, predisporre, organizzare
TO ARRANGE          combinare
                    disporre
```

A. Traduca:

1. They were never satisfied with the arrangement of the furniture in the new house.

   _____

   _____

2. I will make arrangements with my friends for them to meet you at the station.

   _____

   _____

3. She arranged the flowers in a very sophisticated way.

   _____

   _____

4. The arrangement they reached with their lawyer was that the father would see the children once a week.

   _____

   _____

5. Do not worry; I have already made all the arrangements for the ceremony and there is nothing else to do.

   _____

   _____

6. She comes from a country where marriages are arranged by the parents.

   _____

   _____

7. The meeting arranged for tomorrow has been postponed.

   _____

8. Ravel's arrangement of the Bolero emphasizes the Spanish theme.

   _____

9. The books on the shelves should be arranged by subject, not in alphabetical order.

   _____

   _____

B. <u>Completi gli spazi bianchi in modo opportuno</u>:

1. L'arte di _____ è uno dei difetti, ma anche uno dei pregi degli italiani.

2. Abbiamo preso _____ con l'editore perché il libro venga pubblicato in settembre.

3. Quando avrai finito _____ _____ per il viaggio negli Stati Uniti cerca di riposarti un po'.

4. Ho paura che dovrai _____ senza il mio aiuto, ma sono sicuro che te la caverai.

5. Il viaggio che noi _____ per l'estate prossima sarà anticipato alla primavera.

<u>NOTARE</u>! "Floral arrangement" si traduce "<u>composizione floreale</u>".

Nome _____

Corso _____

```
[CORTE] ——→ [court]
```

Vs.

```
[COURT] ——→ tribunale, corte d'Appello, d'Assise, Marziale
        ——→ campo (da tennis)
        ——→ palazzo reale, corte
[TO COURT] ——→ corteggiare, fare la corte
```

A. <u>Traduca</u>:

1. I have to go to court tomorrow for a speeding ticket I got last month.

   _____

   _____

2. The tennis court is reserved for two o'clock.

   _____

3. Louis the XIVth, the Sun King had one of the most lavish courts in Europe.

   _____

   _____

B. <u>Completi gli spazi bianchi in modo opportuno</u>:

1. I disertori vengono giudicati da _____ _____ speciale che si chiama _____ Marziale.

2. È una ragazza strana: non si accorge neppure quando qualcuno le fa _____ _____.

3. Quando mi _____, vuole dire che hai bisogno di qualcosa.

```
APOLOGIA  ──▶  apologia
```

Vs.

```
APOLOGY     ──▶  scuse
TO APOLOGIZE ──▶ scusarsi, chiedere scusa
```

A. <u>Traduca</u>:

1. I sincerely apologize for being late, but the traffic at this time of day is extremely heavy.

   _____

   _____

2. He made his apologies to me but our relationship has never been the same since the quarrel.

   _____

   _____

3. I have already said I am sorry. I don't think it's necessary to write a formal apology.

   _____

   _____

B. <u>Completi gli spazi bianchi in modo opportuno</u>:

1. In Italia é considerato un reato fare _____ _____ del fascismo.

2. Devo chiedere _____ ai nostri ospiti per l'imperdonabile "gaffe" di nostro figlio.

3. Ha talmente paura di essere inopportuno che _____ anche quando non ce n'é bisogno.

Nome _____
Corso _____

Vs.

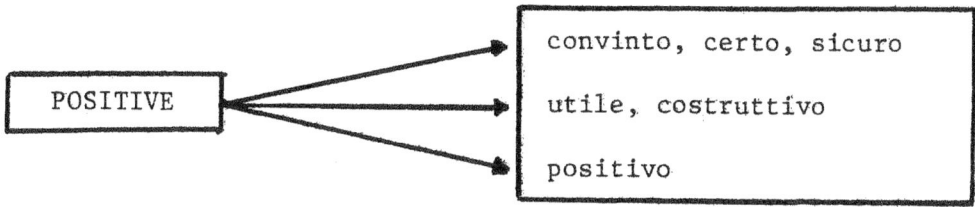

A. Traduca:

1. They are positive about what they saw and they are willing to testify under oath.

   _____
   _____

2. We think you made a very positive suggestion and we'll take you up on it.

   _____
   _____

3. He was distressed when he heard that the result of his test for diabetes was positive.

   _____
   _____

B. Completi gli spazi bianchi in modo opportuno:

1. Se si vogliono ottenere dei risultati _____ bisogna applicarsi con il massimo impegno.

2. Siamo perfettamente _____ che ci hanno detto la verità.

3. Questa è la prima cosa _____ che mi sia accaduta in tutta la giornata.

C. Nella frase 3B si usa la parola "piani" col significato di "plans". Produca due frasi in cui "piano/i" abbia un significato diverso:

1. _____
   _____

2. _____
   _____

Nome _____

Corso _____

ESERCIZIO DI RICAPITOLAZIONE N. 10

A. <u>Completi gli spazi bianchi con i seguenti **nomi** i seguenti **verbi** e **aggettivi**</u>:

    corte, tribunale, scuse;
    arrangiarsi, combinare;
    certo, costruttivo, positivo

1. Le critiche _____ aiutano chi sbaglia, quelle distruttive lo umiliano.

2. Da giovane ha rifiutato _____ _____ di molti uomini interessanti, e adesso è rimasta sola.

3. Dopo lunghe discussioni, loro finalmente _____ _____ un nuovo incontro per deliberare la questione.

4. È un segno molt____ _____ che il malato desideri ricevere visite.

5. In Italia le adozioni sono decise _____ _____ dei minorenni.

6. Non ha nessun aiuto e deve _____ a fare tutto da sola.

7. Ma sei proprio _____ di quello che stai per fare?

8. Abbiamo accettato _____ su _____ _____ anche se eravamo piuttosto irritati.

B. **Produca delle frasi libere usando i seguenti vocaboli:**

Arrangiarsi _____

_____

Combinare _____

_____

Corte _____

_____

Tribunale _____

_____

Positivo _____

_____

Certo _____

_____

Costruttivo _____

_____

C. **Produca una frase con:**

1. Chiedere scusa

_____

_____

2. Trovare una scusa

_____

_____

Nome _____

Corso _____

| AFFEZIONATO (attaccato) | → | fond, attached |
| AFFEZIONARSI | → | to become fond |

Vs.

| AFFECTIONATE | → | affettuoso, tenero |
| AFFECTION | → | affetto |

A. <u>Traduca</u>:

1. He is very fond of his work and he puts a lot of enthusiasm into it.

   _____

   _____

2. She had almost given up all hope when a very affectionate letter came from her family.

   _____

   _____

3. They have become very fond of the dog although they did not want it at the beginning.

   _____

   _____

4. Love is stronger than affection, but weaker than passion.

   _____

   _____

B. <u>Completi gli spazi bianchi in modo opportuno</u>:

1. Ci sono insegnanti che _____ troppo ai propri studenti.

2. Molta gente preferisce i cani ai gatti perché sono animali molto _____.

3. Anche se la casa é piccola ed é in una zona periferica non credo trasloccheranno mai perché ci sono molto _____.

4. La zia vi manda i suoi saluti più _____.

5. É un bambino talmente _____ che gli si perdona tutto.

— Il piccolo si è molto affezionato: ma cosa succederà quando l'animale fra centocinquant'anni morirà?

Nome _____

Corso _____

RILIEVO (importanza)	→	importance
METTERE IN RILIEVO	→	to point out, to emphasize, to put emphasis on
RILEVARE	→	to notice
	→	to take over

Vs.

RELIEF	→	sollievo
	→	sollevare
TO RELIEVE	→	sostituire, dare il cambio
	→	liberare

A. Traduca:

1. The treatment brought me immediate relief.

   _____

   _____

2. The other girl will relieve you at 12 o'clock. She will then serve the customers.

   _____

   _____

3. Since she has a lot of personal problems we have decided to relieve her of some of her social obligations.

   _____

   _____

   _____

4. The author of the book has put a special emphasis on the problem of terrorism in Italy.

   _____

   _____

5. After he took over the store from his uncle, the business started to expand.

_____

_____

B. Completi le seguenti frasi in modo opportuno:

1. Mi _____ molto sapere che il vostro viaggio è andato bene.

2. Bisogna che scappi perché devo _____ il mio collega alle due in punto.

3. Dopo la fine degli esami non ho provato _____ _____ che speravo.

4. Vorrei farti _____ alcuni errori di battitura nel manoscritto.

5. E una cosa senza _____ e non vale la pena di parlarne.

6. Il vostro aiuto mi _____ dalle mie preoccupazioni.

7. I tecnici _____ alcuni difetti nella costruzione di quel calcolatore elettronico.

ATTENZIONE!

Relief e rilievo hanno lo stesso significato nelle espressioni:

- una carta geografica in rilievo
- un bassorilievo di marmo

Nome _____

Corso _____

```
┌──────────────┐      ┌─────────────────────────────────────────┐
│ COMMOZIONE   │─────▶│ emotion                                 │
└──────────────┘      │                                         │
                      │ concussion (se commozione cerebrale)    │
                      └─────────────────────────────────────────┘
```

Vs.

```
┌──────────────┐      ┌─────────────────────────────┐
│ COMMOTION    │─────▶│ confusione, agitazione      │
└──────────────┘      │                             │
                      │ tumulto, insurrezione       │
                      └─────────────────────────────┘
```

A. <u>Traduca</u>:

1. Although the child had a serious fall, he was released from hospital as there was no sign of concussion.

   _____

   _____

   _____

2. The old woman could not control her emotions when she saw her daughter after so many years.

   _____

   _____

3. The unexpected return of my mother from Italy caused quite a commotion in the family.

   _____

   _____

4. Nobody was hurt although the strikers' demonstration had caused a big commotion.

   _____

   _____

B. Completi gli spazi bianchi in modo opportuno:

1. _____ _____ cerebrale è sempre accompagnata da perdita di coscienza.

2. All'annuncio dell'elezione del nuovo candidato democristiano, _____ _____ nella stanza fu indescrivibile.

3. Al matrimonio dei figli i genitori riescono a stento a trattenere le lacrime per _____ _____ .

C. Aiutandovi col vocabolario cercate i diversi significati di to release:

1. to release a film _____
2. to release from hospital _____
3. to release from prison _____
4. to release the handbrake _____

NOTARE

In italiano esiste il sostantivo concussione che indica il reato di cui è colpevole un pubblico funzionario che, facendo uso della propria autorità, induca qualcuno a dargli del denaro.

Nome _____

Corso _____

ESERCIZIO DI RICAPITOLAZIONE N. 11

A. <u>Completi gli spazi bianchi usando i seguenti <u>nomi</u> e <u>aggettivi</u>:</u>

 affettuoso, affezionato
 tumulto, commozione, rilievo, sollievo

1. Nei corsi di lingue straniere viene di solito dat____ più _____ alla parte orale che a quella scritta.

2. Le sue parole _____ lo hanno convinto più di tutti i vostri discorsi razionali.

3. Ha pronunciato poche parole di ringraziamento con la voce rotta _____ _____.

4. Quando hanno saputo che eravamo arrivati in tempo, hanno tirato un sospiro di _____.

5. _____ _____ della folla era così violento che la polizia dovette intervenire più volte per ristabilire la calma.

6. Anche se non lo dimostra apertamente Giulia è molt____ _____ ai suoi insegnanti.

B. **Produca delle frasi libere usando i seguenti vocaboli:**

Rilievo _____

Sollievo _____

Commozione _____

Agitazione _____

Scusa _____

Affezionato _____

Affettuoso _____

C. **Produca due frasi in cui il verbo "rilevare" sia usato con due significati diversi:**

1. _____

2. _____

Nome _____

Corso _____

```
┌─────────────────┐      ┌──────────────┐
│ POSSIBILMENTE   │─────▶│ if possible  │
└─────────────────┘      └──────────────┘
```

Vs.

```
┌──────────┐         ┌─────────────────────────────────────────┐
│ POSSIBLY │────────▶│ probabilmente, forse                    │
└──────────┘────────▶│ se possibile                            │
             ───────▶│ assolutamente (solo in frase negativa)  │
                     └─────────────────────────────────────────┘
```

A. <u>Traduca</u>:

1. I can't possibly come! I am flying to Italy that very day.

   _____

   _____

2. They will possibly be able to buy the tape recorder at a lower price in another store.

   _____

   _____

3. We would like an answer from you possibly before the end of the month.

   _____

   _____

B. <u>Completi gli spazi bianchi in modo opportuno</u>:

1. Vorrei che tu me lo restituissi _____ prima della fine del mese.

2. Se tu non mi dici che cosa é successo, non posso _____ aiutarti.

3. Non sono sicuro della data del suo arrivo; _____ arriverà fra due o tre giorni.

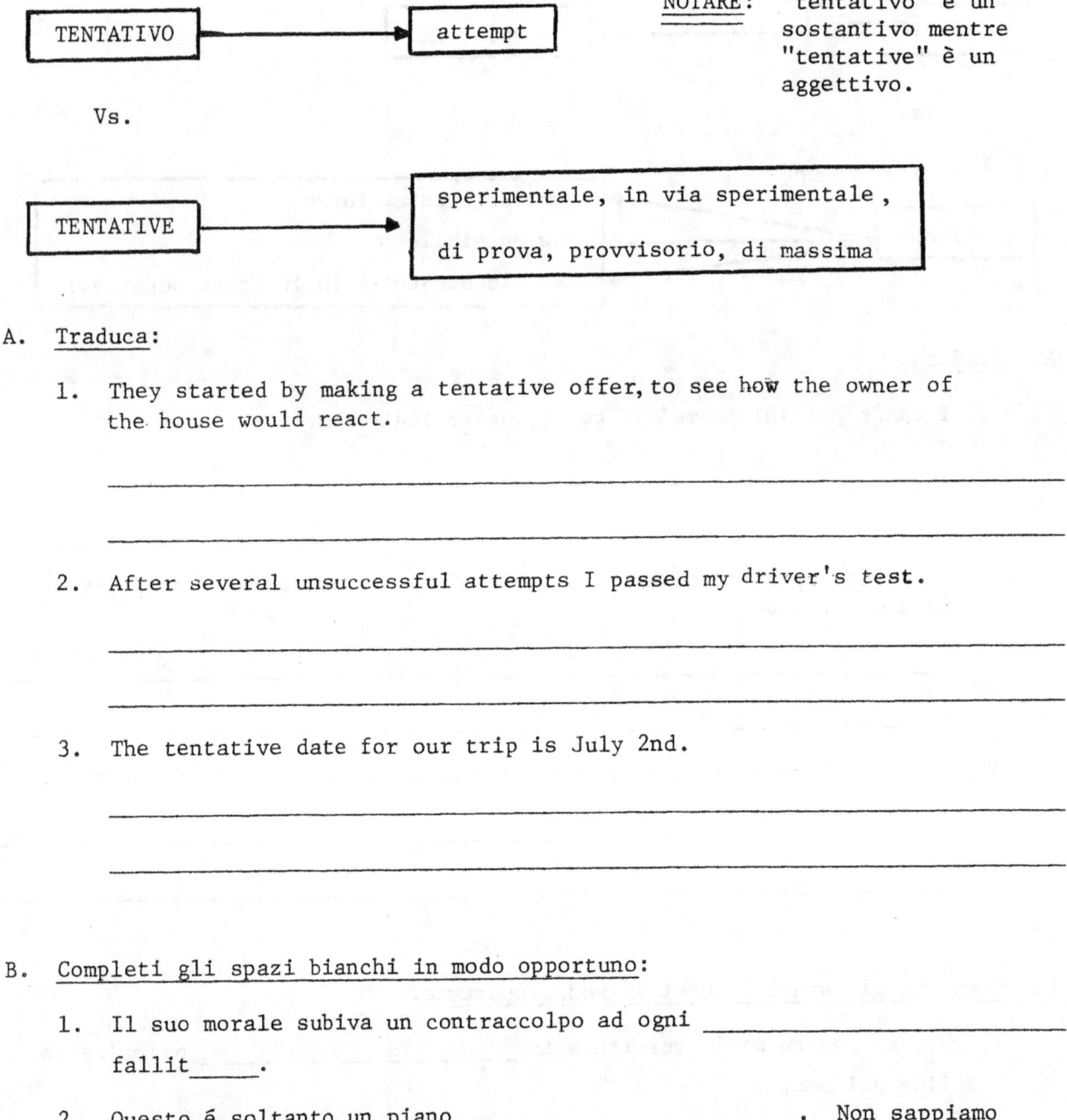

A. Traduca:

1. They started by making a tentative offer, to see how the owner of the house would react.

   _____

   _____

2. After several unsuccessful attempts I passed my driver's test.

   _____

   _____

3. The tentative date for our trip is July 2nd.

   _____

   _____

B. Completi gli spazi bianchi in modo opportuno:

1. Il suo morale subiva un contraccolpo ad ogni _____ fallit____.

2. Questo é soltanto un piano _____. Non sappiamo se il nostro progetto andrà in porto.

Nome _____

Corso _____

Vs.

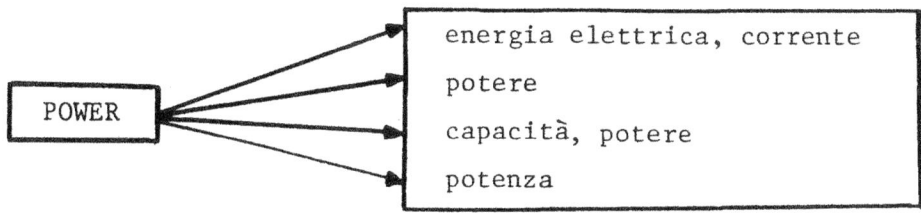

A. Traduca:

1. In the middle of the thunderstorm there was a power failure.

   _____

   _____

2. He is going to do everything in his power to help you.

   _____

   _____

3. Chameleons have the power of changing their skin colour to blend in with the background.

   _____

   _____

4. Meditation requires power of concentration.

   _____

   _____

5. Watergate was one of the best examples of the power of the press.

   _____

   _____

B. **Completi gli spazi bianchi in modo opportuno:**

1. Molti dittatori hanno conquistato _____ _____ con la forza.

2. La quantità di beni che si può acquistare con una unità monetaria si chiama _____ d'acquisto.

3. Tua sorella è insopportabile ed ha _____ _____ di irritare sempre tutti.

4. _____ _____ _____ è essenziale per l'industria manifatturiera.

5. Ha _____ gran_____ _____ di persuasione.

6. La Russia e gli Stati Uniti sono _____ piú grand_____ _____ mondial_____.

C. Nella frase 4B si parla dell'"industria manifatturiera". Aiutandosi col vocabolario cerchi altri tipi di industrie:

industria 1. _____

2. _____

3. _____

Nome _____

Corso _____

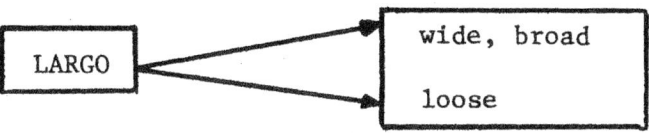

Vs.

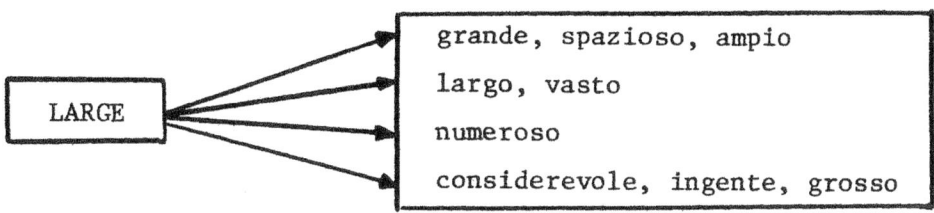

A. Traduca:

1. They have such a large profit margin on that item that they can afford to reduce the price by 20%.

2. In spite of the large scale advertising campaign the new product was not a success.

3. The bedroom is five metres long and four metres wide.

4. People with a large family need a large house.

5. She inherited a large number of shares from her father.

B. Completi gli spazi bianchi in modo opportuno:

1. Dopo la dieta dimagrante che ha seguito, tutti i vestiti gli sono diventati _____.

2. Mi ha prestato _____ _____ somma di denaro e gliene sono molto riconoscente.

3. Lui è abituato alla confusione perché viene da una famiglia _____.

4. La loro nuova casa ha delle stanze molt _____ _____.

NOTARE

At large = in libertà
There is an escaped prisoner at large. = C'è in libertà un prigioniero evaso.

Al largo = off shore
La nave passò al largo del porto di Genova.

Nome _____

Corso _____

ESERCIZIO DI RICAPITOLAZIONE N. 12

A. Completi gli spazi bianchi usando i seguenti avverbi, nomi e aggettivi:

    assolutamente, possibilmente;
    corrente, potere, tentativo;
    grosso, largo, numeroso, vasto

1. Aveva tra i capelli _____ _____ nastro di seta colorata.

2. Non sappiamo con certezza, ma _____ termineremo i corsi universitari per la primavera prossima.

3. Dopo _____ ultim____ _____ di scalare quella montagna, i tre alpinisti rinunciarono all'impresa.

4. Giulia, la serva-strega in Cristo si è fermato a Eboli di Carlo Levi, è dotata di _____ magic_____.

5. Con gli anni e con il duro lavoro, hanno accumulato _____ _____ fortuna.

6. Dopo il modo in cui lo hai trattato, non puoi _____ aspettarti niente da lui.

7. Un incendio di _____ _____ proporzioni ha distrutto la foresta.

8. Ogni volta che si aggiusta una lampada o un impianto elettrico bisogna togliere _____ _____ .

9. Un pubblico _____ accorse ad applaudire il grande pianista.

B. <u>Produca delle frasi libere usando i seguenti vocaboli:</u>

Potere _____

_____

Corrente _____

_____

Largo _____

_____

Numeroso _____

_____

Grosso _____

_____

Tentativo _____

_____

Sperimentale _____

_____

Possibilmente _____

_____

Assolutamente _____

_____

appendice

Nome _____

Corso _____

```
[AGENDA] ───▶ [notebook]
```

Vs.

```
[AGENDA] ───▶ [ordine del giorno]
```

Completi gli spazi bianchi in modo opportuno:

1. Non mi dimentico mai dei miei impegni perché li scrivo sempre _____ _____ .

2. La riunione é stata lunga perché c'erano parecchi argomenti _____ _____ da discutere.

```
[ATTICO] ───▶ [penthouse]
```

Vs.

```
[ATTIC] ───▶ [soffitta]
```

Completi gli spazi bianchi in modo opportuno:

1. Ogni anno a carnevale andiamo in _____ a cercare vecchi abiti per mascherarci.

2. Si sono trasferiti in _____ _____ da cui si gode uno splendido panorama della città.

| ATTITUDINE | → | disposition, inclination |

Vs.

| ATTITUDE | → | atteggiamento |

Completi gli spazi bianchi in modo opportuno:

1. Ha molt_____ _____ per la musica e le lingue: beato lui!

2. Questo studente non riesce in matematica non perché non capisce i concetti, ma perché è prevenuto: ha _____ _____ estremamente negativ____ nei confronti della materia.

| ATTUALE | → | present |

Vs.

| ACTUAL | → | reale, vero |

Completi gli spazi bianchi in modo opportuno:

1. Sono stata fortunata: _____ _____ valore dei gioielli che ho comprato l'anno scorso ad un'asta è molto superiore al prezzo che ho pagato.

2. Mi dispiace, ma le circostanze _____ ci impediscono di affrontare un viaggio così lungo ed estenuante.

ATTENZIONE   Effective si può tradurre Effettivo in un solo caso: "The new law becomes effective as of today." = "La nuova legge diventa effettiva (entra in vigore) da oggi."

Nome _____

Corso _____

```
┌──────────┐        ┌──────────┐
│ CAVITÀ   ├───────▶│  cavity  │
└──────────┘        └──────────┘
```

Vs.

```
┌──────────┐        ┌──────────┐
│ CAVITY   ├───────▶│  carie   │
│          ├───────▶│  cavità  │
└──────────┘        └──────────┘
```

Completi gli spazi bianchi in modo opportuno:

1. Esistono efficaci cure preventive contro _____ _____.

2. Il tronco dell'albero era pieno di piccol_____ _____.

3. Hanno trovato rifugio in _____ _____

    natural _____ del monte.


```
┌───────────────┐        ┌──────────────┐
│ COMPLESSIONE  ├───────▶│ constitution │
│ (corporatura) │        │              │
└───────────────┘        └──────────────┘
```

Vs.

```
┌──────────────┐        ┌──────────────┐
│ COMPLEXION   ├───────▶│  carnagione  │
└──────────────┘        └──────────────┘
```

Completi gli spazi bianchi in modo opportuno:

1. È un uomo di _____ robusta e imponente.

2. Le persone originarie del bacino del Mediterraneo hanno _____

    _____ olivastra.

```
CONCRETO  ──────▶  concrete
```

Vs.

```
CONCRETE  ──────▶  cemento
```

NOTARE

Concreto é un aggettivo mentre concrete é un sostantivo.

Esiste concrete aggettivo con la stessa accezione dell'italiano

Completi gli spazi bianchi in modo opportuno:

1. _____ _____ del marciapiede ha subito dei danni a causa del gelo.

2. Dammi delle prove _____ della tua onestà.

```
DEDICATO  ──────▶  dedicated
```

Vs.

```
DEDICATED ──────▶  dedito a..., impegnato in...
                   dedicato a...
```

A. Completi gli spazi bianchi in modo opportuno:

1. Quel monumento é _____ ai caduti della seconda guerra mondiale.

2. E talmente _____ studio che non ha tempo per divertirsi.

3. E un insegnante molto _____ ; si dedica al suo lavoro con entusiasmo.

B. Produca una frase con "dedicare" e una con "dedicarsi".

1. _____

2. _____

Nome _____

Corso _____

```
[EDITORE] ───────▶ [publisher]
```

Vs.

```
[EDITOR] ────────▶ [redattore]
```

Completi gli spazi bianchi in modo opportuno:

1. Il compito de____ _____ è quello di seguire e curare le varie fasi della pubblicazione di libri e riviste.

2. ____ _____ è un imprenditore che finanzia la pubblicazione di libri e riviste.

```
[EVENTUALMENTE] ──────▶ [in case, should it + verb]
```

Vs.

```
[EVENTUALLY] ──────▶ [poi, in seguito, alla fine
                      finalmente]
```

Completi gli spazi bianchi in modo opportuno:

1. A casa mia ha conosciuto l'uomo che _____ è diventato suo marito.

2. C'è sciopero dei mezzi pubblici. Mario avrà difficoltà a tornare a casa... _____ lo vado a prendere io.

3. Era ora! Dopo tanti rifiuti ha _____ cambiato idea!

— Dovevi vedere la faccia dei nostri vicini quando gli ho detto che anche noi finalmente abbiamo l'automobile!

| FASTIDIOSO | → | annoying, troublesome |

Vs.

| FASTIDIOUS | → | meticoloso, esigente, pignolo |

Completi gli spazi bianchi in modo opportuno:

1. Da alcuni giorni ho _____ _____ mal di testa.

2. Mi piacciono le persone _____ anche se sono tanto diverse da me.

| FORNACE | → | kiln |

Vs.

| FURNACE | → | caldaia
fornace, forno (di tipo industriale) |

Completi gli spazi bianchi in modo opportuno:

1. Tutto il palazzo è privo di riscaldamento perché si è rott_____ _____ _____.

2. Le ceramiche artigianali una volta decorate, vengono cotte in _____ appositi.

3. I mattoni usati in edilizia vengono cotti in _____ a temperature elevatissime.

Nome _____

Corso _____

[GINNASIO] ──▶ scuola media superiore che collega le medie inferiori al liceo classico. Ha una durata di due anni: 4ª e 5ª ginnasio.

Vs.

[GYMNASIUM] ──▶ [palestra]

Completi gli spazi bianchi in modo opportuno:

1. Vado a fare ginnastica in _____ _____ molto ben attrezzat____ che si trova vicino a casa mia.

2. Chi sceglie di seguire studi classici incomincia a studiare il greco antico ____ _____.

[GRADUATO] ──▶ [officer]

Vs.

[GRADUATE] ──▶ [laureato]

Completi gli spazi bianchi in modo opportuno:

1. Molt____ _____ fanno fatica a trovare lavoro.

2. Nei ranghi dell'esercito _____ _____ hanno dei privilegi maggiori rispetto ai soldati semplici.

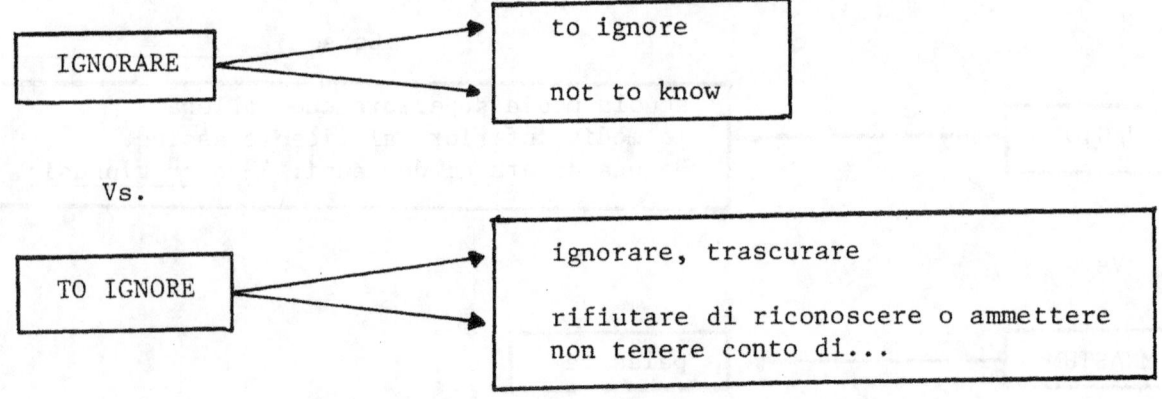

Vs.

Completi gli spazi bianchi in modo opportuno:

1. Si è comportato molto male; ha portato la sua ragazza ad una festa, ma poi l'_____ per tutta la sera e non l'ha fatta ballare neanch una volta.

2. Il povero ragazzo _____ completamente il significato ballare neanche una volta.

3. Lui è molto testardo e spesso _____ la realtà dei fatti.

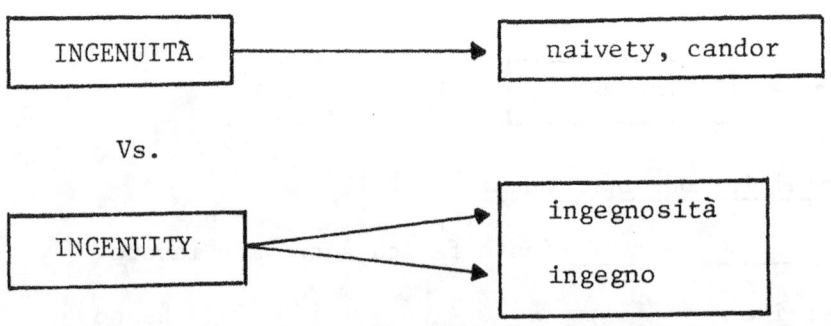

Completi gli spazi bianchi in modo opportuno:

1. _____ non è sempre una qualità positiva al giorno d'oggi.

2. E sorprendente _____ che il ragazzo ha dimostrato nel costruire quel modellino d'aereoplano.

3. Leonardo da Vinci era un uomo di grande _____.

Nome _____

Corso _____

INTRODURRE → to introduce

Vs.

TO INTRODUCE → presentare / introdurre

Completi gli spazi bianchi in modo opportuno:

1. Per _____ un nuovo prodotto sul mercato è necessaria una buona campagna pubblicitaria.

2. Vorrei _____ mia sorella ai miei amici.

LAVORO → work

Vs.

LABOUR → manodopera, lavoro manuale

Completi gli spazi bianchi in modo opportuno:

1. _____ _____ _____ nei paesi industriali ha costi molto elevati.

2. Il proverbio dice: _____ _____ nobilita l'uomo.

NOTARE:

Labour è anche usato con riferimento al travaglio, cioè ai dolori (doglie) del parto.

| MAGAZZINO | → | warehouse |

Vs.

| MAGAZINE | → | rivista |

Completi gli spazi bianchi in modo opportuno:

1. Ho rinnovato ieri l'abbonamento a due _____ letterari____.

2. Quel negozio tiene la maggior parte della merce in ____ _____ appena fuori città.

ATTENZIONE: department store si traduce grande magazzino

| MORBIDO | → | soft |

Vs.

| MORBID | → | morboso |

Completi gli spazi bianchi in modo opportuno:

1. Non posso dormire in un letto troppo _____ perché ho forti dolori alla schiena.

2. La sua immaginazione _____ lo porta ad avere incubi notturni.

Nome _____

Corso _____

```
[NERVO] ——→ [nerve]
```

Vs.

```
[NERVE] ——→ [coraggio]
        ——→ [nervo]
```

Completi gli spazi bianchi in modo opportuno:

1. Nell'incidente ha subito la lesione _____ _____ ottico.

2. Hai un bel _____ a presentarti davanti a me come se niente fosse successo!


```
[NOVELLA] ——→ [short story]
```

Vs.

```
[NOVEL] ——→ [romanzo]
```

Completi gli spazi bianchi in modo opportuno:

1. Il Decamerone è una raccolta di cento _____.

2. Non riesco mai a finire _____ _____ perché è troppo lungo; ecco perché preferisco _____ _____.

```
SALARIO ──► wages
```
Vs.

```
SALARY ──► stipendio
```

Completi gli spazi bianchi in modo opportuno:

1. _____ _____ degli operai non può essere inferiore a quello stabilito dai sindacati.

2. _____ _____ annuo di un dirigente è molto simile sia in Italia che in Nord America.

```
SENTENZA ──► sentence
```
Vs.

```
SENTENCE ──► sentenza
             frase
```

Completi gli spazi bianchi in modo opportuno:

1. _____ _____ del giudice è stata molto clemente.

2. Completate le seguent____ _____ con l'articolo determinativo.

Attenzione: sentenza può avere il significato di judgement.
          es. Smettila di sputare sentenze.

Nome _____

Corso _____

SIMPATIA → liking, attraction

Vs.

SYMPATHY → compassione / condoglianze

Completi gli spazi bianchi in modo opportuno:

1. Si vedeva chiaramente che c'era molt_____ _____ tra di loro.

2. Dopo avere ricevuto la tragica notizia le hanno mandato un biglietto di _____.

3. Lui non prova nessun_____ _____ per le persone deboli e bisognose d'aiuto.

e
adesso
tocca
a
lei...

Nome _____

Corso _____

Seguendo gli esempi dati negli esercizi precedenti e aiutandosi col vocabolario, dia uno schema che mostri l'interferenza fra i seguenti <u>verbi</u>:

┌─────────────┐
│ AFFETTARE │
└─────────────┘

    Vs.

┌─────────────┐
│ TO AFFECT │
└─────────────┘

<u>Produca delle frasi in italiano che evidenzino tutti gli aspetti dell'interferenza indicata sopra</u>:

_____
_____
_____
_____
_____
_____
_____
_____
_____
_____
_____
_____
_____
_____
_____

Nome _____

Corso _____

Seguendo gli esempi dati negli esercizi precedenti e aiutandosi col vocabolario, dia uno schema che mostri l'interferenza fra i seguenti <u>verbi</u>:

> ANTICIPARE

Vs.

> TO ANTICIPATE

<u>Produca delle frasi in italiano che evidenzino tutti gli aspetti dell'interferenza indicata sopra</u>:

_____
_____
_____
_____
_____
_____
_____
_____
_____
_____
_____
_____
_____
_____
_____
_____
_____

Nome _____

Corso _____

Seguendo gli esempi dati negli esercizi precedenti e aiutandosi col vocabolario, dia uno schema che mostri l'interferenza fra i seguenti <u>verbi</u>:

> [CANCELLARE]

    Vs.

> [TO CANCEL]

<u>Produca delle frasi in italiano che evidenzino tutti gli aspetti dell'interferenza indicata sopra:</u>

_____
_____
_____
_____
_____
_____
_____
_____
_____
_____
_____
_____
_____
_____
_____
_____

Nome _____

Corso _____

Seguendo gli esempi dati negli esercizi precedenti e aiutandosi col vocabolario, dia uno schema che mostri l'interferenza fra i seguenti <u>verbi</u>:

> [CONFRONTARE]
>
> Vs.
>
> [TO CONFRONT]

<u>Produca delle frasi in italiano che evidenzino tutti gli aspetti dell'interferenza indicata sopra:</u>

_____
_____
_____
_____
_____
_____
_____
_____
_____
_____
_____
_____
_____
_____
_____

Nome _____

Corso _____

Seguendo gli esempi dati negli esercizi precedenti e aiutandosi col vocabolario, dia uno schema che mostri l'interferenza fra i seguenti <u>aggettivi</u>:

| CONSISTENTE |

Vs.

| CONSISTENT |

<u>Produca delle frasi in italiano che evidenzino tutti gli aspetti dell'interferenza indicata sopra</u>:

_____
_____
_____
_____
_____
_____
_____
_____
_____
_____
_____
_____
_____
_____
_____
_____

Nome _____

Corso _____

Seguendo gli esempi dati negli esercizi precedenti e aiutandosi col vocabolario, dia uno schema che mostri l'interferenza fra i seguenti aggettivi:

> CONVENIENTE

Vs.

> CONVENIENT

Produca della frasi in italiano che evidenzino tutti gli aspetti dell'interferenza indicata sopra:

_____
_____
_____
_____
_____
_____
_____
_____
_____
_____
_____
_____
_____
_____

Nome _____

Corso _____

Seguendo gli esempi dati negli esercizi precedenti e aiutandosi col vocabolario, dia uno schema che mostri l'interferenza fra i seguenti verbi:

IMPRESSIONARE

Vs.

TO IMPRESS

Produca delle frasi in italiano che evidenzino tutti gli aspetti dell'interferenza indicata sopra:

_____
_____
_____
_____
_____
_____
_____
_____
_____
_____
_____
_____
_____
_____
_____

Nome _____

Corso _____

Seguendo gli esempi dati negli esercizi precedenti e aiutandosi col vocabolario, dia uno schema che mostri l'interferenza fra i seguenti <u>nomi</u>:

> [INGIURIA]

> Vs.

> [INJURY]

<u>Produca delle frasi in italiano che evidenzino tutti gli aspetti dell'interferenza indicata sopra:</u>

Nome _____

Corso _____

Seguendo gli esempi dati negli esercizi precedenti e aiutandosi col vocabolario, dia uno schema che mostri l'interferenza fra i seguenti <u>verbi</u>:

| OCCORRERE |

Vs.

| TO OCCUR |

<u>Produca della frasi in italiano che evidenzino tutti gli aspetti dell'interferenz indicata sopra</u>:

_____
_____
_____
_____
_____
_____
_____
_____
_____
_____
_____
_____
_____
_____

Nome _____

Corso _____

Seguendo gli esempi dati negli esercizi precedenti e aiutandosi col vocabolario, dia uno schema che mostri l'interferenza fra i seguenti aggettivi:

| POPOLARE |

Vs.

| POPULAR |

Produca della frasi in italiano che evidenzino tutti gli aspetti dell'interferenza indicata sopra:

_____
_____
_____
_____
_____
_____
_____
_____
_____
_____
_____
_____
_____
_____

www.ingramcontent.com/pod-product-compliance
Lightning Source LLC
Chambersburg PA
CBHW060528010526
44110CB00052B/2535